LE GUIDE DU VOYAGEUR INDÉPENDANT

JEAN LAFOREST ET FRANCINE AUDET

LE GUIDE
DU VOYAGEUR INDÉPENDANT

Éditions Va bene

Les Éditions Va bene remercient le Conseil des Arts
du Canada, le ministère du Patrimoine du Canada
et la Société de développement des entreprises culturelles (SODEC)
du Québec pour leur soutien financier.

Les Éditions Va bene sont une division des Éditions Nota bene.

INTRODUCTION

Dans l'antiquité, la compagnie du voyageur était recherchée dans les cours royales et les hauts lieux du pouvoir. Son habilité à évaluer les situations sous divers points de vue, son exposition à diverses tendances, cultures et religions, et la facilité avec laquelle il pouvait s'exprimer en plusieurs langues en faisaient un conseiller précieux. De plus, ses descriptions et anecdotes de pays lointains et mystérieux ne laissaient de fasciner tous ceux qui le côtoyaient.

Ce caractère ne pouvait s'acquérir qu'à travers de longs et périlleux périples dans des contrées mal connues et souvent hostiles. Ces voyages s'étiraient sur de longues années et devenaient un mode de vie en soi.

Aujourd'hui, on joue aux cartes en survolant des continents entiers. On s'assoit quelques heures et on se retrouve au centre des pays auxquels on rêvait encore la journée d'avant. On peut voyager dans presque n'importe quelle partie du monde en étant aussi confortable qu'à la maison, y manger les mêmes plats et même, avec un peu de planification, ne pas manquer un seul épisode de son téléroman favori... Que reste-t-il du vrai voyage ? Celui qui dépayse, qui vous immerge dans de nouvelles cultures, qui stimule tous les sens ? Celui pour lequel chaque jour est une aventure, une nouvelle découverte ; celui qui nous fait réaliser que l'on est vivant plus que jamais ?

Eh bien, il existe encore. Et il est même à la portée de tous ceux qui le cherchent. L'accès relativement aisé à tous les pays du globe, loin d'être la fin du concept de voyage d'aventure, rend plutôt le voyage accessible à un plus grand nombre de personnes. Rendu sur place, seuls l'attitude, la réceptivité et les goûts du voyageur dictent le type de séjour qu'il fera. C'est aussi cette facilité d'accès qui permet à un nombre de plus en plus grand de planifier et réaliser des voyages sur une base indépendante et de se bâtir un voyage sur mesure selon ses goûts et aspirations. Que ces aspirations soient vagues ou précises, le voyageur indépendant a les outils pour les réaliser et il n'a plus à s'en remettre qu'à de quelconques marchands de rêves qui font la moyenne des goûts du public et offrent des séjours qui ont la prétention de satisfaire tout le monde en même temps.

Mais bien sûr, la décision de faire le grand pas n'est pas toujours facile. Il est évidemment beaucoup plus aisé de savoir toutes les formalités satisfaites, que tout est planifié d'avance et entre les mains « d'experts ». De savoir que l'on ne sera pas seul à se débrouiller dans un pays étranger, bref, de faire comme tout le monde.

En fait, une des plus grandes surprises de tous ceux qui se sont enfin décidés à partir seul après de longues hésitations, est de réaliser à quel point cela est aisé et agréable. Généralement, leur seul regret est de ne pas s'être lancé plus tôt et de rager sur les années perdues à attendre.

À notre avis, une des raisons qui provoquent nombre de ces longues hésitations est le manque d'informations pratiques sur ce type de voyage, surtout ceux entrepris dans des pays peu industrialisés. Les guides de voyage traitant de pays ou de régions particulières sont très nombreux sur le marché, mais ceux-ci s'adressent presque tous à une clientèle qui est en principe déjà habituée à voyager de façon indépendante. Les quelques rares ouvrages disponibles qui traitent de façon plus complète du voyage indépendant proviennent de France, d'Angleterre ou d'autres pays européens qui, sur de nombreux points, ne sont pas d'usage pertinent ici.

Notre vœu le plus cher est de rendre accessible au plus grand nombre possible de personnes les joies du voyage et de la découverte en traitant de façon claire (espérons-le !) de tous les aspects de la préparation, de l'exécution et du succès d'un voyage entrepris de façon indépendante. Ce livre s'adresse autant à celui ou celle qui aspire à voyager pour la première fois qu'aux vieux routiers qui y dénicheront peut-être quelques trucs inédits et surtout, ce livre s'adresse non seulement aux jeunes adultes mais à tous ceux qui ont la soif d'apprendre et l'esprit ouvert au monde qui nous entoure.

PLANIFICATION-PRÉPARATION

Un voyage, ça se rêve et ça se prépare. Pour tirer profit au maximum de son voyage, un minimum de préparation et de planification s'impose. Loin d'être une corvée, cette étape fait partie des plaisirs du voyage.

Une erreur commune est de penser que la planification enlève tout son charme au « voyage d'aventure ». La visite d'un pays en voie de développement ne se planifie pas comme un voyage en Europe ou en Amérique du Nord et laisse amplement de latitude. La préparation, dans ce cas, vise surtout à se familiariser avec les pays à visiter, à en déterminer les points d'intérêt selon ses goûts personnels et à prévenir les erreurs de parcours majeures, comme par exemple de se faire repousser à la frontière d'un pays parce qu'un visa est requis pour y entrer.

SOURCES D'INFORMATION

LES GUIDES DE VOYAGE

Les livres-guides de voyage sont de loin la source la plus usuelle de renseignements pratiques destinés au voyageur indépendant. La plupart des voyages se planifient directement sur la base d'un bon livre-guide. Ceux-ci peuvent traiter d'un pays en particulier, d'un groupe de pays ou d'un continent entier. Évidemment, on ne peut s'attendre à trouver la même qualité de renseignements sur un pays dans un guide traitant d'un continent entier comparé à un guide écrit spécifiquement sur ce seul pays. Chaque collection met l'emphase sur un ou plusieurs des sujets suivants : santé, histoire, portrait physique (climat, géographie), renseignements pratiques (restaurants, hôtels, adresses utiles, monnaie, coût de la vie, us et coutumes, etc.) et s'adresse à une clientèle grossièrement classée par moyens monétaires. Par exemple, les guides de voyage tels que les populaires *Let's Go* et *Le guide du Routard* s'adressent en principe à une clientèle jeune et aventureuse, tandis que les guides *Frommer's* sont surtout destinés à une clientèle aisée et conventionnelle.

Dans les meilleures collections, les renseignements sont mis à jour chaque année, et une nouvelle édition produite. Ces mises à jour sont effectuées en partie par des correspondants engagés par la compagnie qui produit le guide et en partie par des renseignements obtenus de voyageurs sur une base volontaire. Malgré cela, il est presque inévitable que certains renseignements soient erronés, particulièrement pour ce qui est des prix des services. Les taux d'inflation énormes, les politiques monétaires radicales et les variations subites de taux de change sont communs dans beaucoup de pays tropicaux. Le voyageur au budget serré devrait toujours prendre soin de se garder une bonne marge de manœuvre compte tenu de ce fait. Il en est de même pour les renseignements ayant trait aux documents qu'un pays exige pour pouvoir y circuler. Ces conditions peuvent varier rapidement et une erreur peut coûter un refus de passage dans le pays convoité.

Le marché du guide de voyage est en pleine expansion. De plus en plus de nouvelles collections sont disponibles et celles qui se spécialisaient jadis sur certains continents en profitent pour se diversifier. Un bon guide de voyage ne se bâtit pas en une seule année et l'acheteur éventuel doit se méfier des premières ou deuxièmes éditions de ces guides. Mieux vaut faire confiance à des guides de voyage qui ont fait leurs preuves depuis longtemps et qui sont réédités régulièrement. Il faut aussi évidemment mettre la main sur l'édition la plus récente du guide en question. Un guide vieux de deux ou trois années est pratiquement inutile côté prix des services.

Chaque guide a ses propres sources d'informations et il peut être intéressant d'en consulter plus d'un. Par contre, leur prix élevé et le poids de plusieurs livres au fond du sac à dos limitent fortement la possibilité d'en apporter plus d'un avec soi. Une alternative intéressante est de photocopier (avec l'assentiment de l'auteur, évidemment…) les sections pertinentes de un ou plusieurs guides. Si

Le guide du voyageur indépendant

quelques semaines sont disponibles avant le départ, ces guides peuvent être commandés sans frais à la bibliothèque locale par exemple. Les copies permettent de sauver du poids et de l'espace dans le sac (les kilogrammophobes useront sûrement du recto-verso et de la réduction !) et à mesure que le voyage progresse, on peut facilement se débarrasser des pages devenues inutiles au lieu de traîner sentimentalement sa brique jusqu'au retour.

Les guides sont disponibles dans les rayons voyage de la plupart des grandes librairies mais les librairies spécialisées dans le livre de voyage sont celles qui offrent le meilleur choix et les éditions les plus récentes. La plus connue au Québec est la librairie Ulysse, qui possède des succursales à Montréal et Québec. Les librairies Ulysse offrent aussi un service rapide de commandes postales, très utile pour ceux qui habitent loin des grands centres.

Certains guides se spécialisent dans le voyage de plein air, la randonnée pédestre ou le cyclotourisme. Ces guides particuliers sont généralement disponibles dans les grandes boutiques de sport plein air. Entre autres, les magasins La Cordée à Montréal et Mountain Equipment CO-OP à Ottawa tiennent un bon choix de guides de voyage plein air.

En plus des guides de voyage, une petite recherche à la bibliothèque locale peut permettre de découvrir des coins peu connus dans le secteur qui vous intéresse, de voir en photo de nouveaux sites et d'approfondir le sujet en général.

Pour diverses raisons, de bonnes cartes sont souvent impossibles à obtenir à l'intérieur de certains pays. Que ce soit pour des raisons de logistique militaire ou simplement par manque de fonds pour les produire, les cartes de bonne qualité sont plus faciles à obtenir à l'extérieur qu'à l'intérieur de certains pays. C'est le cas entre autres de l'Inde (particulièrement pour les régions himalayennes) et de plusieurs pays d'Afrique. Ces cartes peuvent être trouvées dans la plupart des bonnes librairies et librairies de voyage, de même que dans certains commerces spécialisés.

Au Canada, en 1986, 2,2 millions de départs ont été effectués dans un pays autre que les États-Unis. Dix ans plus tard, ce nombre dépassait le cap des 3,7 millions. Sur ce nombre, 57 % étaient des voyages d'agrément ; le reste étant des voyages d'affaires et des visites de parents et amis. 84 % de ces voyages ont été effectués en Europe et dans les Caraïbes. Le restant, soit seulement 16 %, ont été effectués soit en Asie, en Afrique, en Amérique centrale ou en Amérique du Sud.

Source : Statistiques Canada.

INTERNET

L'internet est une source d'information relativement récente et en pleine expansion dans le domaine du voyage. Les ressources disponibles sur internet permettent d'obtenir des renseignements sur des sujets aussi divers que les taux de change à jour de pratiquement toutes les monnaies ayant cours légal sur la planète ; de l'information sur à peu près tous les moyens de transport disponibles pour voyager d'un pays à l'autre, incluant les coûts et les horaires ; la localisation d'auberges de jeunesse, hôtels et campings ; des renseignements à date sur les conditions sanitaires, économiques et politiques de plusieurs pays ; l'accès à des groupes de discussion sur les voyages, etc. En dehors des sujets spécifiques au voyage, le Web permet d'avoir accès à des renseignements particuliers pouvant être utiles à ceux qui cherchent à sortir des sentiers battus. Par exemple, les amateurs de spectacles naturels peuvent se tenir informés sur les volcans actifs n'importe où sur la planète ou sur les migrations massives de telle ou telle espèce animale. Les amateurs d'architecture peuvent avoir accès à des listes de points d'intérêts dans les pays qu'ils comptent visiter, etc. La liste est presque infinie et des centaines de nouvelles adresses apparaissent à chaque mois sur le Web. Si ce mode de recherche vous intéresse, c'est à vous de faire vos propres découvertes !

Voici un échantillon de quelques-unes des centaines d'adresses disponibles :

http://www.travelocity.com
>Travelocity : Accès aux renseignements du système de réservation SABRE.

http://www.dfait-maeci.gc.ca
>Ministère des Affaires étrangères et du Commerce international du Canada : conseils aux voyageurs et situation actuelle par pays.

http://www.lonelyplanet.com
>Lonely Planet Online : Site internet des guides de voyage Lonely Planet.

http://www.ulysse.ca
>Site internet des guides de voyage Ulysse.

http://www.gorp.com/
>Site Web de Adventurous Traveler Bookstore, librairie atbook. htm spécialisée dans le voyage de randonnée, cycliste, escalade, plongée, etc.

http://www.visa.com
>Répertoire des guichets automatiques du réseau Plus sous la rubrique « ATM Locator ».

http://www.aircanada.ca

    Accès aux horaires de vol et au système de réservation des billets. Lien vers la compagnie aérienne Canadian Airlines.

http://www.hotmail.com

    Pour obtenir une adresse électronique accessible partout dans le monde. Inscription en plusieurs langues.

http://www.hc-sc.gc.ca

    Site de Santé Canada comprenant de nombreux renseignements pour les voyageurs.

POUR LE CHOIX D'UNE DESTINATION

Le choix d'une destination peut se faire selon des critères précis tels que le budget ou le temps disponible mais souvent, le coup de foudre pour une destination particulière vient d'une conversation avec un ami voyageur, un document télévisé ou un article de magazine. Généralement, le choix de la destination et la planification générale du voyage dépendent de deux facteurs majeurs : le temps et l'argent. Typiquement, le voyageur aura à composer avec une des situations suivantes : beaucoup de temps et peu d'argent ou peu de temps et beaucoup d'argent. Les autres situations sont plutôt rares : ceux qui ont peu de temps et peu d'argent ne voyagent pas et ceux qui ont le temps et l'argent sont rarement vus, trop occupés qu'ils sont à batifoler sur une de leurs îles privées.

Un budget restreint limite évidemment le choix de pays pouvant être visités. Ces pays doivent avoir un coût de la vie peu élevé et les coûts de transport pour s'y rendre doivent être le plus bas possible. Les charters étant le moyen le plus économique de voyager par air, il est utile de connaître où ils se rendent et de choisir soit parmi ces destinations soit parmi les pays à proximité. Les pays desservis par charter varient d'une année à l'autre selon la demande et la mode. Une étude attentive des cahiers voyage de grands journaux permet de les trouver rapidement. Enfin, certaines destinations peuvent être atteintes par autobus (Mexique-Amérique centrale) moyennant un budget minime et une patience énorme.

Pour ceux qui jouissent d'un budget plus consistant mais de moins de temps, le choix de la destination est beaucoup moins restreint. Par contre, les modes de transport internes doivent être choisis en fonction de l'efficacité et les vols internes deviennent presque une nécessité si l'on désire couvrir beaucoup de terrain. Il peut être avantageux de se renseigner à l'avance d'options *Airpass* ou *Railpass* sur les compagnies locales qui desservent le pays visité. Étant fréquemment réservés pour les voyageurs internationaux, ces billets spéciaux doivent la plupart du temps être achetés avant le départ. Une bonne agence de voyage saura vous renseigner sur ces points.

PLANIFICATION D'UN ITINÉRAIRE

L'itinéraire permet de tirer le maximum de son voyage en optimisant le temps disponible et en identifiant les prérequis nécessaires à sa bonne marche (visas, vaccins, permis, moyens de transport, etc.). En pays tropical ou en voie de développement, l'itinéraire est soumis à certaines contraintes particulières. Il se doit évidement d'être très flexible. Le rythme de vie, les moyens de transports désuets ou sans horaires et la fatigue inhérente aux transports en commun sont des considérations importantes dans la planification de l'itinéraire. Par exemple, se fier uniquement à une carte pour planifier ses déplacements est une grossière erreur. Deux points rapprochés sur la carte peuvent prendre des heures à relier sur le terrain soit à cause d'un terrain montagneux, de routes en mauvais état, de transports déficients ou de contrôles routiers civils ou militaires. Un bon guide de voyage est la source de référence la plus sûre pour les temps de transport requis. En plus des temps de transport comme tels, on doit se garder suffisamment de temps pour récupérer entre les longs trajets. Voyager sur un autobus local, bourré de gens revenant du marché est toujours une expérience intéressante mais la poussière, l'exiguïté, le bruit et la longueur des trajets peuvent être épuisants ; particulièrement après des heures de torture auditive gracieusement administrée par la stéréo défoncée du chauffeur...

Les fêtes diverses sont des occasions en or de participer à la vie sociale d'un pays mais peuvent immobiliser un voyageur pour plusieurs jours. Les dates de la plupart des fêtes principales sont indiquées dans les guides de voyage mais certaines sont de nature locale ou sont célébrées à des dates qui peuvent varier légèrement d'une année à l'autre. Par exemple, Noël est célébré de façon très intense dans tous les pays d'Amérique centrale et du Sud et tous les moyens de transport disponibles sont communément remplis à capacité de un à trois jours avant et après l'événement. Le meilleur moyen de tirer profit de la situation est de prévenir le coup en choisissant l'endroit où l'on sera immobilisé : soit une ville où la fête est particulièrement intense ou soit un endroit à l'écart, où il fait bon relaxer quelques jours en attendant que la situation revienne à la normale.

Les capitales sont souvent les points d'entrée au pays et les seuls endroits où l'on peut obtenir certains documents parfois indispensables à la poursuite du voyage. Que ce soit un permis spécial pour visiter un parc national, une carte de sentiers de randonnée ou l'obtention d'un visa pour un autre pays, suffisamment de temps doit être réservé pour mener à bien sa quête de documents. Encore là, un bon guide de voyage donnera des indications sur les temps requis pour obtenir ces documents en tenant compte de l'efficacité des administrations locales.

À la fin du voyage, il est impératif de se garder une marge confortable pour se rendre au point de départ de son vol de retour. Le bris mécanique qui n'était qu'un événement comique au début du voyage se transforme en cauchemar s'il survient à l'autobus qui doit nous ramener juste à temps pour attraper son vol ! Mieux vaut arriver une journée ou deux à l'avance et en profiter pour faire quelques achats avant le départ, l'esprit bien tranquille (pensez-y ! : une orgie de souvenirs sans avoir à les traîner !).

Après avoir planifié son itinéraire et déterminé grossièrement ses arrêts, il est temps de consulter des références définitives. Pour chaque pays sélectionné, un appel téléphonique au ministère des Affaires étrangères et du Commerce international (MAECI : 1-800-267-6788) permettra de faire le point sur les procédures et les documents requis pour le visiter. On vous fournira, s'il y a lieu, les coordonnées des ambassades ou des consulats de ces pays au Canada. Les conditions d'entrée peuvent changer rapidement ! Le MAECI et les ambassades et consulats concernés sont les seules références sûres pour ces renseignements.

Tous ces préparatifs peuvent sembler lourds et une erreur commune à plusieurs jeunes voyageurs est de voir l'itinéraire comme une entrave à l'aventure. En partant sans itinéraire, ils s'exposent plutôt à devoir se renseigner sur place auprès d'autres voyageurs. À courte échéance, ils se retrouvent donc à suivre la voie de la majorité, ce qui est loin de l'objectif initial... De toute façon, même les plus maniaques de planification s'aperçoivent bien assez tôt que les événements imprévus sont les seuls qui soient certains de se produire !

Le saviez-vous ? Proportionnellement à leur population, les provinces qui enregistrent le plus de départ à l'étranger (en excluant les États-Unis) sont par ordre d'importance : l'Ontario, la Colombie-Britannique (incluant le Yukon et les Territoires du Nord-Ouest) et le Québec. Celles qui voyagent le moins : la Saskatchewan et les provinces de l'Atlantique.

Source : Statistiques Canada.

LES DOCUMENTS INDISPENSABLES

Le voyageur indépendant aura plusieurs documents indispensables à se procurer avant le départ de même que d'autres documents pouvant lui apporter des privilèges ou certains rabais.

PASSEPORT

Le passeport est le premier document à se procurer pour partir en voyage. Il est la preuve de la citoyenneté du voyageur, pour ne pas dire la preuve de son existence une fois en pays étranger. Il est donc à protéger comme la prunelle de ses yeux.

La direction des opérations consulaires du ministère des Affaires étrangères et du Commerce international (MAECI) fournit des renseignements sur les passeports au 1-800-567-6868, (514) 283-2152 (Montréal) ou (613) 994-3500 (Ottawa-Hull). Plusieurs démarches étant nécessaires pour obtenir un passeport, mieux vaut prévoir un bon mois pour l'obtenir, surtout si on procède par la poste.

La première chose à faire est de se procurer un formulaire de demande de passeport. Celui-ci est disponible dans les bureaux des passeports, les bureaux de poste et les bureaux de Communication Québec. À l'intérieur du formulaire se trouvent tous les renseignements et documents à fournir. Le coût du passeport est de 85 $ et il est valide pour cinq ans. Si on se présente en personne dans un bureau des passeports, il est possible de l'obtenir en une semaine.

Pour commencer, il faut se faire beau et aller chez le photographe pour obtenir deux photos passeport. Ces photos sont de format précis et doivent porter le cachet du photographe et la date à laquelle

elle a été prise (seules les photos datant de moins de douze mois sont acceptées). Lors de la prise de photo, il est interdit de porter des turbans à la Francine Grimaldi.

Il faut aussi fournir une preuve de citoyenneté. Cette preuve consiste en un acte officiel de naissance ou en un certificat de citoyenneté. Si vous n'avez ni l'un ni l'autre, il faudra vous en procurer au moins un avant de pouvoir faire la demande de passeport. Encore des démarches en perspective... Les formulaires requis pour ces documents sont disponibles entre autre dans les bureaux de Communication Québec et aussi, pour l'acte officiel de naissance, dans les presbytères, à la direction de l'état civil, dans les caisses populaires, etc. Depuis le 1er janvier 1994, seul le directeur de l'état civil du gouvernement du Québec a l'autorité de délivrer les actes de naissance au Québec. Il coûte 15 $ et est bon à vie. Il faut compter au moins dix jours pour le recevoir, mieux vaut prévoir un mois. Puisqu'il est bon à vie, autant se le procurer tout de suite que d'attendre à la dernière minute et risquer de développer des ulcères d'estomac.

Le formulaire de demande de passeport doit être rempli et signé par vous-même et par une personne vous connaissant depuis au moins deux ans. Cette personne doit faire partie d'un des corps de métier énumérés dans le formulaire, par exemple être ingénieur, prêtre, optométriste, etc.

Si l'on voyage avec des enfants de moins de 16 ans, ceux-ci peuvent soit être inscrits dans le passeport d'un des parents, soit avoir leur propre passeport. Il n'y a pas de frais supplémentaires pour les inscrire dans le passeport d'un des parents ; par contre, l'enfant devra voyager avec le parent possédant le passeport où son nom apparaît. Pour plus de mobilité, l'enfant peut avoir son propre passeport mais il faudra alors débourser un autre 60 $ et fournir les mêmes documents que ceux énumérés ci-haut. Si les parents sont divorcés ou séparés, ils devront fournir d'autres documents (mentionnés dans le formulaire de demande de passeport) lors de la demande de passeport.

En reprenant à partir du début, si l'on n'a aucun document, il faut compter un minimum de trois semaines ou un maximum de deux mois (s'il n'y a pas de grève des postes).

Avant de partir en voyage, faire une photocopie de la page d'identification du passeport et pendant le voyage, la garder séparée de l'original. Ceci pourra faciliter l'émission d'un nouveau passeport à l'étranger en cas de perte ou de vol, d'autant plus si vous avez votre acte de naissance sur vous. Enfin, se rappeler que certains pays exigent que le passeport soit valide pour une période d'au moins six mois au-delà de la date prévue du retour.

VISA

Certains pays demandent plus que le passeport pour laisser entrer le voyageur sur leur territoire ; il faut aussi obtenir un visa. Le visa est un sceau ajouté dans le passeport. Ce sceau est ajouté non pas dans le pays à visiter, mais bien ici, au Canada, par les services consulaires du pays à visiter.

Pour obtenir un visa, de charmants formulaires sont à remplir (après ça, vous aurez vraiment besoin de vacances !). Le coût du visa varie selon le pays, la durée de séjour ou le type de visa. Lors d'une demande de visa, sous la mention « occupation », ne surtout pas mettre « aucune », ça fait mauvaise impression ; c'est le temps de se trouver une vocation !

À la direction des opérations consulaires du MAECI, on peut vous aiguiller dans la bonne direction (1-800-267-6788 ou (613) 944-6788, région d'Ottawa). Au bureau du député fédéral des différents comtés, on pourra donner l'information nécessaire et parfois certains formulaires sont disponibles. En dernier recours, le gouvernement fédéral publie un livre intitulé *Représentants diplomatiques, consulaires et autres au Canada* dans lequel se trouvent les coordonnées des différentes missions présentes au Canada.

Planifier son voyage avant le départ réduira certains désagréments une fois parti. Par exemple, si le voyageur décide d'ajouter le Népal à son itinéraire alors qu'il se trouve en Inde, il devra présenter sa demande de visa en Inde, auprès des services consulaires du Népal. Cela augmente les coûts imprévus et le temps perdu en démarche de toutes sortes. De plus, certains pays peuvent refuser l'accès à leur territoire à un voyageur arrivant d'un pays avec lequel ils sont en conflit ; et cela même si le voyageur a le bon visa et que ses papiers sont valides. Cette situation prévaut particulièrement au Moyen-Orient, avec l'Israël et les pays arabes l'entourant. Encore une fois, la direction des opérations consulaires du MAECI peut vous informer de ce genre de situation, mais le MAECI vous référera aux services consulaires des pays concernés si vous voulez savoir comment passer d'un de ces pays à un autre.

AUTRES DOCUMENTS

D'autres documents moins essentiels sont avantageux à avoir puisqu'ils donnent droit à des rabais (parfait pour le voyageur économe !) ou à des accès privilégiés à des auberges.

Pour les voyageurs de tous âges, la carte de la Fédération internationale des auberges de jeunesse (25 $ pour un an ou 35 $ pour deux ans, plus taxes) donne accès à toutes les auberges de jeunesse dans le monde. Si un voyageur n'a pas cette carte, soit l'accès lui sera refusé, soit il devra payer plus cher. La carte ISIC (International Student Identification

Card) s'adresse aux étudiants. Elle donne droit à plusieurs rabais dont sur certains billets d'avion, de train ou de musée mais cela varie selon les pays ; avant de l'acheter, informez-vous s'il est avantageux de l'avoir pour le pays où vous irez. Elle coûte 14 $ (plus taxes) et il faut fournir une preuve comme quoi on étudie à temps plein.

Pour les voyageurs qui n'étudient pas à temps plein mais qui ont moins de 25 ans, il y a la carte GO/25 qui donne à peu près les mêmes privilèges que la carte ISIC. Ces cartes sont disponibles chez Tourisme Jeunesse, au (514) 252-3117.

PARTIR EN VOYAGE

VOYAGER SEUL

Un des principaux avantages à voyager seul est évidemment de jouir d'une plus grande liberté d'action durant toutes les étapes du voyage. Voyager seul permet aussi d'avoir des contacts plus intenses avec les populations locales. En effet, les gens locaux hésitent beaucoup moins à adresser la parole à un étranger lorsqu'il est seul que lorsqu'il est accompagné. Le fait de voyager seul pousse aussi le voyageur à faire les premiers pas et à établir des contacts. Le voyageur solitaire apprend beaucoup plus rapidement les rudiments de la langue du pays et a une tendance naturelle à s'adapter rapidement aux coutumes locales puisqu'il ne peut s'appuyer régulièrement sur un compagnon ou une compagne pour faire la conversation ou partager des impressions. Dans la plupart des pays tropicaux, une personne voyageant seule ne se sent pas nécessairement isolée. Elle profite de la chaleur et de l'hospitalité des populations locales de façon beaucoup plus intense que si elle voyageait accompagnée. Économiquement, voyager seul coûte un peu plus cher ; principalement à cause de l'hébergement. Le prix d'une occupation simple étant à peine plus bas qu'une chambre double dans la plupart des hôtels et dans bien des cas, il n'y a aucun rabais. Certains partent seuls par choix, d'autres par nécessité. En effet, les forfaits de voyage organisé sont pour la plupart conçus pour des occupations doubles, ce qui pousse nombre de gens seuls à s'organiser par soi-même. Il faut tout de même une bonne dose de courage pour se lancer seul dans l'aventure d'un premier voyage, mais après les courses de dernière minute et l'énervement du grand départ, l'unique question qui vous viendra en tête une fois rendu sera : de quoi avais-je donc peur ? Sur place, si le besoin de voyager avec une autre personne se fait sentir, il est facile de se trouver des compagnons de voyage en fréquentant les petits hôtels populaires mentionnés dans les guides de voyage.

VOYAGER À DEUX

Voyager à deux comporte de nombreux avantages mais aussi des dangers. Mis à part les avantages sociaux évidents de voyager avec un compagnon ou une compagne, le duo apporte de nombreux avantages de fonctionnement à plusieurs étapes du voyage. Lors de la recherche d'un hôtel, une personne surveille les sacs en lisant un bouquin au parc tandis que son compagnon, tout léger, prend son temps pour dénicher la bonne affaire. Même chose pour l'achat de billets, les attentes en ligne, les arrêts lors de trajets en autobus, etc. Le matériel commun (par exemple une tente, un filtre à eau ou un guide de voyage) peut être distribué entre les deux sacs et certaines activités telles que la randonnée sont préférablement pratiquées à deux pour des raisons de sécurité.

Mais attention !, voyager à deux peut quelquefois devenir l'enfer. Un voyage dans un pays en voie de développement demande beaucoup et puise profondément dans les ressources d'un individu, particulièrement lors d'un premier séjour. Les réactions face au stress du voyage sont diverses et peuvent être désagréables.

Le compagnon de voyage doit donc être choisi avec soin. Connaître une personne pour l'avoir côtoyée uniquement au travail (par exemple), même pendant des années, n'est pas suffisant pour prévoir ses réactions sous le stress d'une nouvelle culture ou ses réactions lors des nombreuses situations qui demandent patience, tact et des doses massives de bonne humeur... La seule façon de connaître suffisamment un individu pour prévoir ses réactions en voyage est d'avoir partagé des expériences diverses avec lui, et pas seulement des expériences heureuses. C'est évidemment peu commun et ces quelques rares personnes de notre entourage n'ont pas nécessairement l'horaire idéal ou le désir de faire partie du voyage en vue !

Une façon pratique de pallier à ce manque est de se conditionner ensemble, avant le départ, au fait qu'il soit possible qu'une séparation ait lieu durant le voyage. De cette façon, chacun est prévenu et les participants ne se sentent pas de responsabilité indue envers l'autre. Rien de pire que de se sentir obligé de continuer à voyager avec un compagnon ou une compagne avec lequel on ne s'entend guère parce qu'on n'avait pas prévu le coup ! Il faut aussi se méfier des situations où un des participants a beaucoup plus d'expérience de voyage que l'autre. Souvent, cette situation crée des déséquilibres dans les tâches journalières, particulièrement si un des participants connaît beaucoup mieux la langue locale que l'autre.

Une expérience enrichissante pour les deux participants est de prévoir une séparation de quelques jours à quelques semaines durant le voyage. Le fait de voyager seul pour un certain temps renouvelle sa confiance en soi, permet d'identifier sur le vif les avantages et désavantages de voyager seul ou à deux et crée généralement une nouvelle dynamique dans la relation des membres du groupe.

VOYAGER AVEC DES ENFANTS

Quoique nous n'ayons personnellement jamais voyagé avec des enfants, nous avons pu observer et discuter avec plusieurs voyageurs qui le faisaient. Ceux qui voyagent avec des enfants de la même façon qu'ils le font lorsqu'ils voyagent seuls ont tous un point en commun : des cernes sous les yeux.

Lorsque l'on voyage avec des enfants, on doit de préférence diminuer le rythme du voyage pour laisser les enfants s'adapter au nouvel environnement. Il faut aussi choisir des hôtels d'une qualité supérieure à celle que l'on accepterait si l'on était seul, surtout si les enfants sont à l'âge de se traîner par terre. Dans le pays visité, lors des déplacements de longue distance il est préférable de prendre le train à l'autobus pour pouvoir profiter d'une couchette où les enfants pourront confortablement dormir. Lors de tout déplacement, prévoir les repas ou la collation et de quoi boire. Même pour un déplacement fait en avion où un repas est planifié, prévoir une collation au cas où l'avion aurait du retard et une bouteille d'eau pour contrer les effets de l'air sec de la cabine. Pour les longs déplacements, prévoir tout l'attirail nécessaire pour changer les couches et les vêtements des plus vieux au cas où un « accident » surviendrait.

C'est lors de la réservation du billet d'avion qu'il faut s'informer s'il y a un repas fait spécialement pour les enfants ou une couchette pour bébé (toutes les compagnies aériennes n'offrent pas le même service). Les enfants de moins de deux ans peuvent généralement voyager à 10 % du prix régulier mais n'ont droit à ni siège ni bagage. Les enfants de moins de 12 ans ont généralement droit à des rabais.

Du moment où les enfants ont autour de trois ou quatre ans, ils peuvent participer à la préparation du voyage. Plus ils seront impliqués, plus ils seront intéressés. Cela peut se faire en leur expliquant où est le pays de destination choisi, en leur laissant lire ou en leur lisant des livres ou des contes concernant le pays et en visionnant des films sur ce pays. Plus ils en sauront, plus leur intérêt grandira. Sur place, les enfants sont très souvent un objet de curiosité et facilitent l'amorce d'une conversation avec les gens du pays. Les enfants sont très observateurs et vous êtes un modèle pour eux ; donc limitez vos mouvements d'humeur envers les gens de la place ou la bureaucratie à n'en plus finir.

Au moment de la préparation du voyage, le médecin de la clinique de voyage vous indiquera quels vaccins ou médicaments ne sont pas recommandés pour les enfants, les femmes enceintes ou celles qui allaitent. Demandez à être clairement renseigné sur les risques impliqués pour la santé dans l'éventualité où vous ou votre enfant ne peut prendre de médicament. Côté santé, en voyageant avec des enfants il est utile sinon essentiel d'apporter un petit poêle de camping ou un élément chauffant pour faire bouillir l'eau afin de la rendre propre à la consommation ou tout simplement pour faire chauffer le biberon. Les couches sont presque inexistantes dans les pays en voie de développement. Apporter des couches jetables. Pour les couches de coton, ne pas oublier qu'il faut prévoir du temps pour les tremper, les laver et les sécher.

Pour ceux qui veulent en savoir plus sur l'art de voyager avec les enfants, il existe un petit livre très intéressant (malheureusement disponible qu'en anglais) écrit par Maureen Wheeler, une des fondatrices de la collection *Lonely planet*. Le titre est *Travel with children* dans la collection *travel guide* de *Lonely planet*.

LE VOYAGEUR D'UN CERTAIN ÂGE

Le voyageur d'un certain âge jouit de plusieurs atouts. Ayant été sur le marché du travail plus longtemps que la plupart des voyageurs, il est souvent plus à l'aise monétairement. Cette aisance lui permet de choisir des lieux d'hébergement et des moyens de transport confortables et d'éliminer bien des petits tracas. Le désir de se prouver quelque chose en voyageant « à la dure » est depuis longtemps remplacé par la sagesse de l'expérience, une solide organisation et un réel goût de jouir de la vie en voyageant.

Le fait d'être « âgé » n'est vu comme un désavantage que dans nos pays industrialisés. Partout ailleurs, la personne d'expérience est respectée et considérée. Entre autres, elle est beaucoup moins harcelée par les vendeurs ambulants et les arnaqueurs de toutes sortes que la moyenne des voyageurs. En fait, le meilleur endroit où une personne « âgée » puisse être est ailleurs qu'en Amérique du Nord ! Et plusieurs l'ont compris. Que le goût du voyage se soit développé soudainement à la retraite ou cultivé durant toute une vie, de plus en plus de gens profitent de leur temps devenu plus libre pour enfin satisfaire leur curiosité et leur goût de l'aventure.

Au Québec, madame Thérèse Michaud-Laperrière est l'instigatrice d'un regroupement appelé *Les retraités flyés*. Il s'agit de personnes à la retraite qui se partagent leurs expériences de voyage et leurs projets. Ils se rencontrent de temps à autre et tiennent un bottin des coordonnées de chaque membre. Ces retraités voyagent hors des sentiers battus, sans groupe organisé, à peu de frais et participent souvent à des projets d'entraide dans les pays en voie de développement. Les coordonnées de ce regroupement sont *Les retraités flyés, 3130 chemin Concaster, Val-David, Québec, J0T 2N0.*

Au Canada, en 1996, 41 % des voyages outremer ont été effectués par des gens âgés de 55 ans et plus. Cette proportion n'était que de 21 % pour les jeunes adultes de 20 à 34 ans.

Tiré de : *Info-voyages,* bulletin d'information de Statistiques Canada.

LE « LONG » VOYAGE

Le long voyage (plus de quelques mois) comporte plusieurs particularités dans sa planification et sa préparation.

Le fait de partir pour une longue période de temps a une forte influence sur le budget moyen (par exemple par mois) du voyage. Les frais de transport pour se rendre au pays étant généralement le coût le plus élevé, il est évidemment dans son intérêt de les répartir sur une période de temps la plus longue possible.

Des économies appréciables peuvent aussi être réalisées en planifiant une absence prolongée. Voici quelques exemples qui s'appliquent à différentes situations :

- remiser son véhicule et en avertir la Société de l'assurance automobile du Québec, le coût d'assurance sera substantiellement réduit pour l'année ;

- se faire déconnecter le téléphone (surveiller tout de même les coûts de ré-installation) ;

- si le voyageur est membre d'une association ou une corporation professionnelle, des frais moindres peuvent être réclamés si le membre se déclare inactif ;

- est-il possible de sous-louer son appartement ou sa maison ? est-il faisable de libérer son appartement et de mettre ses avoirs en entrepôt ? Se débarrasser des frais reliés à une location d'appartement (incluant chauffage, électricité, téléphone, gaz, eau) est quelquefois suffisant pour fournir la presque totalité des fonds requis pour le voyage !

- discontinuer ses abonnements à des journaux, revues et services.

Par contre, il faut prendre garde de laisser suffisamment d'argent dans son compte pour suffire au remboursement ou aux prélèvements automatiques de fonds dus à des dettes à long terme (prêt auto-maison, prêt étudiant).

Un petit exercice intéressant est de calculer comment il en coûte au total pour vivre disons, un mois au Canada en calculant tout : épicerie, chauffage, logement, coupe de cheveux, loisirs, etc. et de faire le même exercice pour un mois de voyage en prenant comme base un voyage d'une durée d'un mois ; puis le coût d'un mois de voyage sur un voyage d'une durée totale de trois mois (on répartit alors le coût de l'avion sur trois mois) et la même chose pour un voyage de six mois. L'exercice prouve souvent noir sur blanc qu'il en coûte moins cher de voyager plusieurs mois que de rester pour cette même période à la maison !

APPRENDRE LA LANGUE DU PAYS

Apprendre les rudiments de la langue du pays que l'on projette de visiter peut sembler exagéré et ennuyeux. Combien de fois avons-nous entendu dire : pas de problème, avec des signes, on se fait comprendre partout ! Y'a toujours moyen de s'arranger !

Le but d'apprendre les rudiments d'une langue pour le voyage n'est pas nécessairement de réussir à obtenir ce que l'on veut mais plutôt de comprendre et d'échanger avec ses interlocuteurs. Celui qui a la capacité de le faire atteint un niveau de satisfaction et de plaisir de voyager vraiment incomparable. Et si le voyageur s'écarte des sentiers battus, un minimum de connaissance de la langue locale devient une nécessité pour effectuer même les tâches les plus routinières.

On peut se renseigner sur un pays en lisant sur celui-ci mais le seul moyen de vraiment le connaître et d'y ajouter un aspect humain est d'échanger avec ses habitants. Prendre contact avec les gens, poser des questions sur ce qui nous entoure, sur les événements qui se déroulent sous nos yeux, échanger. Rien ne peut égaler ces plaisirs du voyage. Et ils ne dépendent uniquement que de l'effort mis sur l'apprentissage des rudiments de la langue.

Évidemment, cet effort est proportionnel à la durée du voyage, à son désir de sortir des sentiers battus et à son désir de tirer le maximum de son séjour. Il n'y pas lieu de consacrer des mois à apprendre l'espagnol (à moins d'avoir du plaisir à le faire) pour un séjour d'une semaine dans une ville touristique du Mexique ! Par contre, se familiariser avec l'espagnol devient presque indispensable pour un séjour de quelques mois en Bolivie, par exemple.

Il y a plusieurs façons de s'y prendre pour se familiariser avec un nouveau langage. Pour se débrouiller le plus rapidement possible dans les situations communes, un livre de phrases adaptées au voyage est très utile. Ces livres existent pour presque tous les langages connus. Ils contiennent des séries de phrases toutes faites classées par situations classiques (au restaurant, au bureau de poste, à l'hôtel cinq étoiles (!), etc.). Les meilleurs comprennent un lexique de termes communs et des indications sur la prononciation. De toute évidence, se servir uniquement d'un tel livre ne favorise pas tellement les échanges ; il permet tout au plus d'être un peu plus fonctionnel dans les tâches jour-nalières et de réserver ses gesticulations pour des situations vraiment spéciales. Une façon peu coûteuse d'apprendre par soi-même est de se pro-curer un livre de cours de langue. La plupart sont très bien faits et avec un peu de discipline person-nelle, ils apportent beaucoup en terme de compré-hension. Ceux de petit format peuvent aussi être emportés avec soi, ce qui permet de continuer l'apprentissage tout en voyageant. Ce dernier point est intéressant car si la discipline de faire régu-lièrement des leçons fait souvent défaut avant le départ, les motivations redeviennent évidentes lorsqu'on est en plein voyage.

Évidemment, la meilleure façon d'apprendre une langue pour le voyage est de prendre des cours avant le départ. Le choix de cette méthode dépend de son budget personnel (cours de groupe ou indi-viduels, durée des cours) et du temps disponible avant le départ. Par contre, en région, il est quel-ques fois difficile de trouver des cours de certaines langues moins communes. Si l'on est encore aux études, il est souvent possible avec un peu de planification de sélectionner parmi ses cours optionnels un cours de langue utile au voyage.

Le seul moyen qui permet d'allier l'efficacité des cours et des coûts minimes est de prendre des cours sur place, en début de séjour. Ces cours peuvent être un complément à des cours pris avant le départ, à un apprentissage par des livres ou bien si le temps le permet, être son principal outil d'apprentissage. Plusieurs des cours donnés par les plus grandes écoles de langue à l'étranger peuvent être arrangés à partir d'ici sous forme de forfait. L'avantage est que tout est arrangé d'avance mais le problème est que le coût est aligné sur des standards nord-américains. La façon la plus économique est de se rendre sur place et de s'inscrire directement à une école locale. En effet, de plus en plus de pays offrent des structures d'apprentissage de la langue locale visant directement les étrangers et les voyageurs. C'est le cas par exemple du Guatemala où certaines villes (Antigua, Quetzaltenango) comptent des dizaines d'écoles d'espagnol. La compétition est forte, les standards élevés et les coûts ridiculement bas. Les cours sont généralement individuels et les étudiants choisissent leur nombre d'heures de cours par jour. Toutes ces écoles sont très flexibles et il est facile d'y organiser des cours-sorties pour, par exemple, visiter un marché et y apprendre sur place les termes utiles et la façon de marchander avec les vendeurs.

La plupart des écoles ajoutent aussi une dimension culturelle et historique à leurs cours et organisent le logement dans une famille locale. De nombreux autres pays commencent à développer des structures semblables et il suffit de consulter attentivement de bon guides de voyage pour les trouver.

Ces cours sont très efficaces et permettent une introduction rapide et en douceur au pays que l'on projette de visiter. Malgré tout, il est préférable d'avoir une base minimale pour pouvoir en tirer le meilleur parti car souvent, votre professeur n'aura qu'une base limitée en français ou en anglais.

TRUCS EN VRAC
POUR LE VOYAGEUR À TRÈS PETIT BUDGET

Le voyageur au budget très limité est toujours à l'affût des moyens de réduire le coût de ses dépenses quotidiennes au long de son voyage. Sur place, ces coûts inévitables se distribuent en trois items principaux : le transport, la bouffe et le coucher. Voyons quelques trucs pratiques pour limiter ses dépenses dans chacun de ces secteurs sans en souffrir pour autant.

LE COUCHER

Plusieurs voyageurs comptent beaucoup sur le camping pour limiter leurs frais d'hébergement. Malheureusement, la plupart constatent à leur retour que la tente n'a servi qu'en une ou deux occasions mais que son poids lui, était bien présent chaque jour ! En vérité, les endroits pour camper sont très limités en pays peu développés. Les endroits désignés sont plutôt rares (en fait le camping comme on l'entend chez nous est plutôt perçu comme une activité pour les jeunes gens aisés) et en dehors de ces sites, il est souvent impossible de trouver un endroit tranquille pour monter sa tente en raison de la densité de population et du fait qu'un étranger passe rarement inaperçu. Il est toujours possible de camper sur la plage mais à moins d'être vraiment à l'écart, cette pratique peut être dangereuse. La tente est surtout utile pour le randonneur, le montagnard et ceux qui planifient de longs séjours en rase campagne. Autrement, c'est l'hôtel qui s'impose... de préférence propre, tranquille et pas cher !

Pour dénicher la perle rare il ne faut pas être trop pressé et évidemment, le temps qu'on compte y résider dictera le temps qu'il vaut la peine de consacrer à sa recherche. En général, les guides de voyage ont des listes d'hôtels pour chaque ville ou village d'importance pour le voyageur. Cette liste, si les prix et les commentaires inscrits vous semblent satisfaisants, est un bon point de départ. Il suffit de se rendre sur place et de visiter l'endroit. On s'informe des prix et de la disponibilité des chambres puis on monte en visiter une ou deux. Il n'est pas inopportun de visiter la chambre qu'on nous offre ; en fait, pour les hôtels économiques, c'est une pratique indispensable et tout à fait acceptée. Cette petite visite est la clef d'une bonne nuit de repos. Quelques petits points à surveiller : choisir de préférence une chambre loin de la réception, particulièrement si un téléviseur y est présent ; surveillez sur quelle rue donne la chambre (est-elle bruyante ? est-ce une artère principale ?). Est-ce que la porte se verrouille bien ? les fenêtres aussi ? le lit est-il défoncé ? est-il trop court ? a-t-il été changé récemment ? Une petite visite de la chambre de bain vous permettra à coup sûr de savoir si la chambre est infestée… on y entre d'un coup en allumant la lumière et on surveille les coins derrière la toilette et le lavabo ; si rien ne bouge, tout est parfait. Tant qu'à s'y mettre, on vérifie s'il y a de l'eau (beaucoup de villes peuvent être rationnées). Si la chambre possède un climatiseur, fonctionne-t-il ? et si oui, fait-il un bruit d'enfer ? Si la région est infestée de moustiques, y a-t-il des moustiquaires aux fenêtres ou recouvrant les lits ? sont-ils en bonne condition ? Souvent les petits hôtels de campagne ont des bacs pour faire le lavage et des cordes à linge sur les toits. Vous est-il possible de vous servir de ces facilités ?

Si tout ce que vous avez vu vous a plu, bingo ! Si non, il ne faut pas hésiter à demander à voir une ou plusieurs autres chambres. Souvent, ce ne sera pas la meilleure qui vous sera montrée en premier. Beaucoup de petits hôtels sont aménagés dans ce qui était des édifices non commerciaux à la base. Les chambres y sont donc de grandeurs et de qualité variables et vos préférences ne sont pas nécessairement évidentes à l'hôtelier. Si c'est plutôt le prix qui fait sourciller, demandez à voir des chambres à prix plus économique. Comme par miracle, il en apparaît souvent bon nombre ; soit que ces chambres sont plus petites, qu'elles ne possèdent pas de chambre de bain, de climatiseur, ou pour d'autres raisons tout à fait obscures. Quelques hôtels ont des téléviseurs dans toutes les chambres ; le faire enlever peut parfois donner droit à un rabais ! Hors saison, il est parfois possible de marchander son prix. Pour les longs séjours, il est commun de se faire faire un prix à la semaine.

Rien de ce que vous avez vu ne vous satisfait ? ni le prix ? qu'à cela ne tienne. Il est temps d'élargir son rayon d'action. Dans la plupart des villes, les hôtels de prix similaires se regroupent plus ou moins dans certains quartiers. Ainsi, à proximité des hôtels mentionnés par votre guide de voyage s'en trouvent souvent plusieurs autres non décrits. Ces derniers ne jouissant pas de la même publicité, montrent souvent des rapports qualité-prix très intéressants et une saveur locale plus prononcée. À vous de les découvrir !

Il est beaucoup plus économique d'être plus d'une personne par chambre que de payer seul. Dans les lieux fréquentés par beaucoup d'étrangers, il est souvent possible de partager sa chambre avec d'autres voyageurs qui cherchent aussi à économiser. Ces occasions sont d'autant plus fréquentes que les prix sont élevés pour le gîte. À deux, il est aussi plus aisé de chercher la bonne affaire puisqu'un peut s'occuper de faire les visites qui s'imposent tandis que l'autre surveille les sacs à dos en lisant au parc ou en prenant un café au resto. Seul, il faut traîner son sac en tout temps. C'est sans conséquence si on trimbale un sac léger mais peu agréable le cas contraire. Vérifiez tout de même s'il existe une consigne au terminal d'autobus local. Si le choix de l'hôtel est critique pour des raisons de longueur de séjour et de prix, le voyageur seul avec un énorme sac n'aura d'autre choix que de prendre un hôtel moyen la première nuit et de s'en chercher un autre plus convenable l'avant-midi du lendemain, sans son sac.

LE TRANSPORT

L'autobus est la base du transport interne. Dans beaucoup de pays, il se présente en plusieurs classes aux noms suggestifs (de luxe, première, deuxième et troisième classe, etc.) qui dépendent de l'âge du véhicule et du nombre d'arrêts. Évidemment, les plus lents et les plus rustiques sont

les plus économiques (et souvent les plus intéressants). Bien que le fait soit peu affiché, plusieurs
compagnies offrent des rabais pour les étudiants.
Une vérification peut s'avérer profitable. Un truc
permettant de sauver une nuit à l'hôtel est de choisir un itinéraire de nuit : on se rend à bon port tout
en profitant d'un gîte sinon confortable, du moins
gratuit ! Attention au vol de bagages tout de même.

L'auto-stop peut permettre de sauver quelque
peu sur les coûts des transports, mais il est préférable de consulter soigneusement un bon guide de
voyage avant de trop y compter parce que ce mode
de locomotion n'est pas toujours populaire ou
pratique dans plusieurs régions du monde.

LA BOUFFE

Ce serait dommage de voyager sans pouvoir
jouir de la gastronomie locale mais pour le voyageur fauché, l'épicerie et le marché local restent
les solutions les moins dispendieuses. Cela est surtout vrai dans les pays relativement développés et
donc au coût de la vie plus élevé. Viennent ensuite
les restaurants qui ont des menus fixes pour chaque repas. Ces menus sont souvent affichés dehors
sur un tableau ou autre. Les meilleurs sont facilement reconnaissables par leur achalandage ! Et en
prime, ces repas reflètent vraiment la bouffe de
tous les jours et non pas quelques spécialités inaccessibles à la plupart des gens du pays. Finalement,

on peut très bien manger sur la rue, aux échoppes toujours présentes dans tous les pays. Ces petits repas sont rapides, peu coûteux et souvent savoureux. Elles permettent en plus de voir le chef à l'œuvre et toute sa cuisine est ouverte à l'inspection. On peut donc en vérifier la propreté et en choisir une autre si elle ne nous convient pas !

LES TÉLÉCOMMUNICATIONS

La façon la plus commune de se faire expédier du courrier en voyage est de se servir de la poste restante. La poste restante est un service de retenue du courrier que la plupart des bureaux de poste offrent à travers le monde. Une lettre à votre nom, expédiée directement à la poste restante de la ville « X » sera triée par ordre alphabétique et conservée pour une durée variant de six à douze mois, en attendant votre passage. Pour la récupérer, il suffit de présenter son passeport. Si à première vue aucune lettre ne vous attend alors qu'il devrait en être autrement, demandez à faire la recherche sous votre prénom au lieu du nom. Il ne faut pas oublier que les noms nord-américains peuvent paraître incompréhensibles sous d'autres cieux ! On peut aussi se faire expédier du courrier aux ambassades canadiennes, mais cette pratique est beaucoup moins commune d'autant plus que les ambassades sont souvent situées en périphérie des centres urbains. Les bureaux d'American Express offrent aussi un service similaire aux détenteurs de leurs chèques de voyage.

Pour envoyer des cartes postales et des lettres au Canada, il n'y a aucun problème particulier si ce n'est la lenteur du service dans certains pays. Par contre, l'envoi de paquets est souvent risqué à partir de pays peu industrialisés. Les cas de perte, de bris et de vol sont nombreux à partir de certains pays. Un bon guide de voyage signalera ces irrégularités s'il y a lieu. En règle générale, les anciennes colonies anglaises ont d'excellents systèmes postaux ; héritage des très sérieuses postes royales britanniques.

Pour les amateurs de haute technologie, il est possible de recevoir du courrier électronique en plusieurs endroits dans le monde. Il suffit pour cela de s'inscrire tout à fait gratuitement à un service du genre *Hotmail* (www.hotmail.com), qui vous fournira une adresse de courrier électronique. Le service est gratuit car cette compagnie vit des retombées de ses annonceurs. Certaines conditions s'appliquent à l'utilisation des adresses électroniques et le site (accessible en plusieurs langues) en fait mention. Une fois l'adresse électronique obtenue, il s'agit par la suite de se présenter dans un café internet pour lire son courrier. Ces genres de cafés sont de plus en plus présents, mais restent surtout disponibles dans les capitales de certains pays en voie de développement.

Pour communiquer par téléphone au Canada à partir de pays étrangers, rien de plus simple. Il existe depuis quelques années un service de plus en plus répandu nommé *Canada direct*. En composant un numéro spécial d'accès (différent pour chaque pays), on entre en communication directe avec un téléphoniste canadien bilingue ; ce qui élimine tous les problèmes liés à la barrière des langues. De plus, les appels vers le Canada sont facturés au tarif canadien des appels internationaux et peuvent bénéficier des réductions applicables en fonction de l'heure de la journée au Canada. Les coûts de ces appels peuvent être chargés à une carte d'appel, au service *Appellemoi* ou encore à frais virés. Ce service peut même être utilisé pour des transmissions par modem. Pour de l'information supplémentaire sur ce service de transmission, visitez le site Web *Canada direct :* http://www.stentor.ca/canada_direct. En ce moment, le service *Canada direct* est disponible à partir de 116 pays et ce nombre augmente constamment. Pour savoir si le service est disponible à partir du pays où l'on désire se rendre, il suffit de téléphoner au 1-800-561-8868 avant de quitter le Canada.

Pour les pays non reliés au service *Canada direct,* l'on doit faire preuve de patience et de persévérance. À partir de grands hôtels, les services interurbains peuvent être disponibles avec l'avantage qu'un préposé tentera d'obtenir une ligne à votre place mais ce service peut être dispendieux. Dans les pays peu industrialisés, le voyageur devra souvent se rendre dans une centrale téléphonique. Elles sont souvent bondées et dans certains cas l'attente peut être longue. Il est préférable d'avoir avec soi un petit livre de phrases utiles pour, par exemple, expliquer clairement à qui l'appel sera chargé. Dans certains pays (entre autres le Vénézuela et le Mexique), il est possible d'acheter des cartes magnétiques de frais de communication pré-payés. Ces cartes sont insérées dans des télé-phones publiques spéciaux et les frais d'interur-bains sont soustraits automatiquement de la « réserve » de la carte, jusqu'à son épuisement. Elles peuvent parfois permettre de s'éviter une visite à la centrale téléphonique.

Man, Côte D'Ivoire.
Véhicule
du guérisseur local.

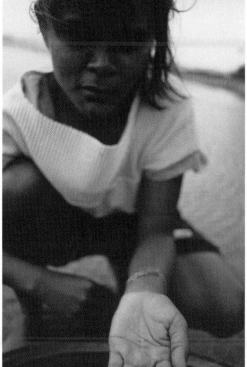

Camp temporaire
de Playa Blanca,
sur le Rio Orinoco.
Chercheuse de diamants.

Gare de Sasan Gir, Inde. Train à la vapeur.

ÉQUIPEMENT

Certains voyageurs semblent survivre en ne transportant qu'un passeport et une brosse à dents. Bien que le choix et la quantité de matériel transporté soit une question tout à fait personnelle, certains items sont indispensables pour qui aspire à un séjour relativement confortable.

LE SAC À DOS

Les sacs à dos récents sont devenus de véritables bijoux d'efficacité et de confort. Ils permettent de transporter facilement des charges qui seraient extrêmement embarrassantes à porter à bout de bras et la plupart s'ajustent pour épouser parfaitement le dos du porteur. Ce n'est pas que la charge s'évapore miraculeusement, mais il est souvent surprenant de constater le niveau de confort atteint lorsque le sac convient à ses besoins, à sa stature et que le poids est bien réparti sur les hanches et les épaules.

TYPES DE SAC À DOS

Les sacs à dos se divisent en deux grandes classes : les sacs avec ou sans armature. Le sac sans armature est un sac qui est flasque lorsque vide tandis que celui à armature reste toujours plus ou moins rigide, dû à une armature apparente ou pas, qui se trouve au dos du sac. Cette armature permet de distribuer le poids de la charge entre les épaules et les hanches, ce qui augmente énormément le confort et, de ce fait, a supplanté le sac sans armature qui n'est finalement utile que pour de très petites charges.

LES QUALITÉS À RECHERCHER DANS UN SAC À DOS

Le sac est sûrement la pièce d'équipement la plus martyrisée qui soit au cours d'un voyage en pays peu industrialisé. Bourré à craquer, il est lancé sur les toits d'autobus, piétiné par des passagers, souillé d'huile à moteur, de crasse et de crotte de poulet dans les compartiments à bagages, happé par tout ce qui peut en faire saillie, traîné sur le sol, tendu comme une peau de tambour pour ramener les souvenirs et enfin, disséqué par Douanes Canada au retour.

Son choix est donc important, d'autant plus qu'il ne vous lâchera pas d'une semelle, prendra soin de vos avoirs et aura un impact certain sur le plaisir que vous aurez à voyager.

Le meilleur endroit pour en faire l'achat est un magasin spécialisé en articles de plein air. En effet, les critères de robustesse recherchés pour un bon sac à dos de voyage sont sensiblement les mêmes que ceux requis pour les activités de plein air. Le choix de sacs de qualité y est vaste et on y retrouve plusieurs modèles conçus spécifiquement pour les femmes ; les employés savent comment ajuster les sacs selon la stature de l'individu et peuvent donner des conseils utiles.

Nous voici donc dans un magasin spécialisé en plein air, devant un étal d'une cinquantaine de sacs à dos à armature bourrés de pochettes et gadgets. Un rapide coup d'œil permet vite de distinguer deux grandes familles de sacs à armature.

Le sac à armature externe est facilement reconnaissable à son « échelle » d'aluminium sur laquelle est fixée le sac lui-même. Il répartit le poids sur les hanches et les épaules de façon exceptionnelle et permet donc de transporter de lourdes charges. Aussi, le fait que la charge soit portée plus loin du dos, apporte une aération supérieure. Son inconvénient majeur est l'armature en elle-même. Saillante, elle accroche partout. Très rigide, elle est sensible aux chocs et aux pressions qui sont exercées sur elle au cours d'un voyage et aura tendance à se casser ou se dessouder plutôt que de plier.

Le sac à armature interne, plus discret, cache son squelette à l'intérieur du dos du sac. L'armature dans ce cas-ci n'est généralement constituée que d'une ou deux barres d'aluminium flexibles parfois renforcées de plastique ou de nylon. L'armature fait partie intégrante du sac et ne fait aucunement saillie. De plus, l'armature est protégée et aura tendance à se plier plutôt que de rompre sous

les chocs. Pour les femmes, la principale différence tient dans la ceinture, qui aura une forme
plutôt conique afin de mieux s'ajuster aux hanches
fortes. Le sac à armature interne a une apparence
plus compacte et se manipule plus facilement par
les préposés aux bagages. Ce type de sac à dos est
le plus approprié pour les voyages.

Si vous avouez au vendeur que vous êtes à la
recherche d'un sac de voyage, il est probable qu'il
vous exposera quelques spécimens hybrides qui
tentent de faire le pont entre le sac à dos propre-
ment dit et la valise de voyage. Ils ont généralement un panneau amovible permettant de cacher
bretelles et ceintures et une forme plus ou moins
rectangulaire. Le principe est intéressant mais en
pratique ces sacs ont généralement un système de
suspension (bretelles-ceinture) moins confortable
que la moyenne des sacs à dos et ils sont aussi
moins robustes. Par contre, ce type de sac qui se
transforme en bagage d'aspect plus conventionnel
convient mieux à ceux qui planifient de fréquenter
des hôtels aux standards relativement élevés.

À l'intérieur du groupe des sacs à dos à armature interne, les capacités de chargement (volume)
varient du sac de fin de semaine (40 litres) au
monstre pour expéditions hivernales prolongées
(100 litres). Ceux généralement utilisés pour le
voyage ont des volumes variant de 60 à 80 litres,
dépendant de l'utilisation de matériel de camping

ou non, de la longueur du voyage et du climat susceptible d'être rencontré. La rigueur mathématique dicte qu'il vaudrait mieux acquérir un sac plus grand que trop petit, quitte à avoir de l'espace libre dans un sac plus grand. Le hic c'est qu'il semble que le voyageur soit un être dénué de toute logique (alors pourquoi partirait-il à l'aventure quand il est si bien chez lui ?) et que volontairement ou non, il s'efforce de toujours combler le moindre interstice de son sac, quelqu'en soit la capacité initiale. Les excuses sont toujours excellentes mais le résultat est le même. La règle est donc de choisir un sac d'une capacité à peine plus grande que le volume de bagage projeté (à moins d'insister pour tester son *self-contrôle*).

Le sac à armature interne et de capacité suffisante devrait aussi idéalement avoir peu de pochettes externes, car elles sont les cibles principales des petits voleurs. Il est aussi utile d'avoir un sac qui possède des fermetures éclair doubles (à deux voies) qui permettent d'installer un cadenas à la rencontre des deux chariots. Un sac de couleur sombre attire moins l'attention et surtout paraîtra moins repoussant après quelques semaines de voyage dans les autobus locaux. À ce propos, les couvre-sacs en nylon imperméables sont utiles sur plusieurs points : ils permettent de protéger le sac de la saleté, de la pluie (si le sac est sur le toit d'un véhicule) et d'en cacher la configuration aux yeux d'éventuels petits voleurs (qui ont de la difficulté à opérer s'ils ne peuvent examiner le sac). Ces couvre-sacs sont légers. Ils peuvent être achetés aux mêmes endroits que les sacs à dos ou peuvent facilement être faits à la maison ou en voyage. Par exemple, dans les pays andins, un simple sac de légumes ou de grain peut facilement être transformé à cet usage en y pratiquant des orifices pour les bretelles et la ceinture. De nombreux sacs à dos possèdent des renforts et des sangles permettant de fixer du matériel supplémentaire à l'extérieur du sac. Bien qu'utile à l'occasion, tout le matériel devrait loger à l'intérieur du sac afin d'éviter le vol ou les pertes accidentelles dans les transports locaux. Une caractéristique intéressante de nombreux sacs à dos est le collet extensible autour de l'ouverture principale. Ce collet permet d'augmenter temporairement la capacité du sac.

Outre le sac principal, il est très utile d'avoir aussi un petit sac à dos léger, sans armature, pour garder avec soi appareil photo, guide de voyage, etc. quand le sac principal est laissé à l'hôtel ou au campement. Il sert aussi à transporter eau, nourriture et livres à l'intérieur des autobus, trains et avions lors des déplacements. Des dizaines de modèles existent. Les seules choses à surveiller sont la solidité et l'espace qu'il occupe lorsque vide et plié. En effet, plusieurs de ces petits sacs ont maintenant un dos rembourré de mousse plus ou moins rigide qui empêche leur rangement de façon compacte.

LE CONTENU DU SAC À DOS

LES VÊTEMENTS

Les vêtements à emporter doivent être simples, résistants, légers, faciles d'entretien, de séchage rapide et ne doivent pas déteindre. Le type dépend évidemment des climats rencontrés (la température peut varier rapidement avec l'altitude et les saisons) tandis que la quantité dépend d'une délicate équation entre la fréquence tolérable des corvées de lavage, le poids et l'espace alloué aux vêtements dans son sac et la sensibilité olfactive de ses compagnons.

En régions tropicales, chaudes et humides, les vêtements de coton, de couleur pâle et de coupe ample sont les plus appropriés. Pour ceux qui ont tendance à suer abondamment, évitez les vêtements qui changent de teinte lorsque mouillés. Pour les femmes, il existe des sous-vêtements en soie qui restent confortables même en climat humide.

Une chemise légère est très utile pour se parer du soleil de même qu'un chapeau. Ces articles sont souvent disponibles sur place. Loin des grands centres, les shorts et les vêtements découvrant les épaules sont souvent mal vus, particulièrement pour les femmes quoique l'homme aussi peut choquer. Ils ne devraient être utilisés qu'à la plage ou près des sites de villégiature. Généralement, les guides de voyage sérieux font mention des pays où les habitudes vestimentaires nord-américaines risquent de déranger. Ces avertissements sont pertinents et devraient être observés, particulièrement en régions rurales ou en pays musulman.

Dans la plupart de ces pays, il est considéré plus normal pour la femme de porter une jupe descendant sous les genoux que des pantalons. La jupe a aussi l'avantage d'être confortable, d'être utile aux « arrêts pipi » en pleine nature lors de longs trajets d'autobus et de camoufler parfaitement une pochette de passeport sous ses replis. Cette pochette peut facilement être faite maison et être cousue à l'intérieur de la jupe, à la ceinture. Il n'y a ainsi aucun contact avec la peau, ce qui est appréciable en climat chaud et humide. Cette jupe a tout avantage à être faite de tissu à motifs, dissimulant mieux les inévitables taches et paraissant moins froissée à la sortie du sac à dos. Si la jupe contient un peu de polyester, cela lui permettra de mieux supporter tous les lavages et séchages qu'elle subira.

En tout temps, les jeans sont à bannir du sac à dos. Ils sont lourds, chauds et prennent une éternité à sécher. Les pantalons du style « pantalons de travail » employés par les ouvriers de construction et les forestiers peuvent avantageusement remplacer les jeans. Ils sont extrêmement résistants à l'usure, résistent aux taches, sèchent en un temps record, coûtent moins cher et sont coupés plus amples que les jeans. Il sont faits d'un mélange coton/polyester. Ils sont presque introuvables pour les femmes. Il est possible de se procurer ce type de tissu en magasin et de coudre ou de faire coudre des pantalons sur mesure par une couturière de métier ou par sa chère maman. Dans les deux cas, cela reviendra moins cher que de les acheter dans un magasin spécialisé tout en rendant possible l'ajout de petits extras tels que boutons pour fermer les poches et pochettes internes.

Même en région tropicale et particulièrement si le pays présente des reliefs importants, les soirées peuvent être fraîches et plus haut, le vent peut être carrément froid. Un sweater de laine ou l'équivalent, combiné à un mince anorak de nylon coupe-vent (certains se replient en une pochette à peine plus grosse que le poing) sont idéals. Si ce sont les sommets ou les régions montagneuses qui sont d'intérêt, une petite veste de duvet vaut son pesant d'or lorsqu'utilisée avec l'anorak de nylon et une tuque ; cette combinaison permet d'endurer des températures sous 0 °C avec un poids négligeable.

Le seul type d'imperméable utile en région chaude et humide est le poncho. Il est le seul qui permet une ventilation adéquate mais il ne vaut la peine de s'en encombrer que dans les régions particulièrement pluvieuses. En fait, la majeure partie des voyages sont justement planifiés pour éviter les saisons des pluies et la plupart du temps, les averses suivent des cycles réguliers et prévisibles qui n'ont généralement pas trop de conséquences sur le confort du voyageur.

Des vêtements adaptés au climat peuvent aussi être facilement achetés sur place. En général, les prix sont beaucoup plus bas qu'ici mais la qualité est moins bonne. Les vêtements de surplus d'armée, kakis ou camouflage ne devraient pas faire partie des bagages. De nombreux pays vivent des situations de conflits armés plus ou moins graves et plus ou moins publicisés. Ces vêtements risquent d'être confisqués ou de créer des situations qui seront peut-être comiques à raconter au retour mais pour le moins inquiétantes sur le moment.

Pour ce qui est de l'apparence générale des vêtements, il est préférable d'éviter le look hippie. Ça fait cool, mais ça ne vous attirera pas la sympathie des gens, au contraire. En fait, pour la grande majorité des habitants des pays d'Amérique centrale et du Sud, du sud-est asiatique et de l'Afrique, la tenue vestimentaire est très importante et une part surprenante de leurs avoirs y est investie. Parallèlement, le respect témoigné envers une personne dépendra en partie de son apparence vestimentaire. Une tenue négligée, sale ou provocante fera disparaître bien des opportunités intéressantes tout en attirant les problèmes aux postes frontières et avec les autorités en général.

LES CHAUSSURES

Il est toujours étonnant de constater à quel point l'on marche au cours d'un voyage. Que ce soit pour trouver un hôtel ou un restaurant, se rendre aux stations d'autobus et de train, lors d'achats divers ou durant les visites d'attraction. Une partie de toute cette marche se fait aussi sac au dos, ce qui demande un minimum de soutien au niveau des chevilles et une semelle absorbant bien les chocs. Pour que ces kilomètres de marche se fassent en confort, le pied nécessite une bonne chaussure résistante. De petites bottes de randonnée légère conviennent parfaitement. Elles sont résistantes, certaines sont bien aérées et elles soutiennent bien le pied. Certaines espadrilles renforcées sont aussi convenables si de longues marches sac au dos ne sont pas prévues. Ces chaussures légères combinées avec une paire de « flip-flop » pour la plage et les fonds de douche douteux forment un duo fonctionnel et léger.

Par contre, si la randonnée sac au dos est envisagée, une chaussure plus robuste et plus haute est indispensable. Ces bottes de marche sont généralement faites entièrement de cuir, sont lourdes et peu flexibles. Compte tenu de cela, il est important d'en essayer quelques paires afin de les choisir le mieux ajustées possible à son pied. Très peu de modèles pour femmes sont actuellement offerts sur le marché. Généralement, les modèles pour hommes sont fait larges par rapport à un pied de femme ; il devient alors impératif d'en essayer plusieurs paires, dans différents magasins. Vos pieds vous remercieront de votre patience.

Les bottes de marche prennent un certain temps à « casser » mais après quelques semaines, si elles ont été bien choisies, on s'y sent aussi bien que dans de vieilles pantoufles. À ce propos, il est impératif de « casser » graduellement sa botte avant le départ ! Rien de pire que l'erreur classique de se procurer des bottes neuves pour le voyage et de souffrir le martyre durant les premières semaines ! Ces bottes protègent des pierres et supportent les chevilles sur les surfaces irrégulières des sentiers de randonnée.

Un autre produit intéressant est la sandale « de randonnée » vendue par plusieurs fabricants d'espadrilles et de bottes de marche. C'est une sandale qui arbore généralement une semelle épaisse absorbant bien les chocs, une largeur confortable et un système élaboré de sangles qui tiennent le pied bien en place. Elle est très confortable et présente un bon compromis entre le soulier de marche léger et les sandales conventionnelles. Celles faites complètement de caoutchouc texturé ont l'avantage de ne pas s'imbiber d'eau et peuvent donc servir à la plage, sous la douche et ne risquent pas de pourrir en milieu tropical.

L'ÉQUIPEMENT PHOTO

La quantité et la qualité de l'équipement photo emporté (s'il y a lieu) dépend évidement de la qualité de photo espérée et du sérieux porté à la prise de vue.

À une extrémité du spectre se trouve les appareils jetables. Peu coûteux et légers, ils conviennent à ceux qui ne planifient pas de prendre une grande quantité de prises de vue et qui considèrent ces dernières beaucoup plus comme étant un moyen de se rappeler de bons moments que comme une fin en soi. La qualité des photos produites est satisfaisante et même surprenante pour la simplicité et le coût de l'appareil. Ils éliminent aussi l'inquiétude du vol, souvent ressentie par ceux qui transportent un équipement photo coûteux.

Vient ensuite l'appareil 35 mm compact automatique. Ce segment de l'équipement photographique se développe à une vitesse fulgurante et l'éventail de caractéristiques et d'automatismes disponibles sur les différents modèles est stupéfiant. Leur optique est généralement bonne, plusieurs ont des zooms intégrés et sont isolés des intempéries, deux caractéristiques très intéressantes pour le voyage. Ils sont légers et leurs automatismes permettent de prendre des prises de vue rapides. Leur principal défaut est justement le fait de ne pas avoir assez de contrôle sur les fonctions de l'appareil. Les vitesses et ouvertures sont déterminées automatiquement, les objectifs ne sont pas interchangeables, on ne peut utiliser de filtres, les prises de vue rapprochées souffrent de parallaxe (la différence entre la vue obtenue dans le viseur et la photo), etc. Ces défauts ne sont pourtant apparents qu'à ceux qui recherchent des prises de vue demandant beaucoup de flexibilité. L'appareil 35 mm compact est le compagnon idéal de ceux qui recherchent des photos de qualité mais qui ne veulent pas s'encombrer de techniques spécifiques.

Finalement vient l'appareil 35 mm reflex. Il apporte flexibilité absolue dans le choix des paramètres de prises de vue et la plupart possèdent aussi un niveau d'automatisme élevé. Ce qui est vu dans le viseur est exactement ce qui sera capté par la pellicule. Le choix de lentilles et d'accessoires est énorme. C'est le type d'appareil privilégié de l'amateur sérieux qui souhaite prendre des prises de vue variées, de haute qualité, en ayant le plus de contrôle et de flexibilité possible. Par contre, cette flexibilité vient à un prix élevé, premièrement pour ce qui est de l'équipement lui-même mais aussi du poids à transporter. Le boîtier seul (sans lentille) est généralement plus lourd qu'un appareil 35 mm compact complet et chaque lentille supplémentaire ajoute rapidement au poids de l'ensemble. Dépendant du type de voyage, le photographe devra se limiter. Généralement, un ou deux objectifs à focale variable suffisent à couvrir un large éventail de possibilités. Le paysage étant un sujet fréquent en voyage, un de ces objectifs devrait couvrir les focales grand angle. Les pare-soleil sont presque indispensables sous les tropiques et en haute altitude. Les filtres ultraviolets sont aussi très utiles pour aider à percer les voiles atmosphériques dus à la poussière ou à la forte humidité relative, deux conditions fréquentes en pays respectivement désertiques et tropicaux. La photo en forêt tropicale épaisse demande obligatoirement l'usage d'un trépied et/ou, de pellicules sensibles étant donné le peu de lumière qui atteint le sol dans ces conditions, à moins de se limiter à des photos rapprochées avec flash.

Quel que soit le type d'appareil utilisé, le photographe devrait garder avec lui une petite trousse de nettoyage incluant au minimum une poire à dépoussiérer, une petite bouteille de liquide pour nettoyage des lentilles avec le papier approprié, des cotons tiges et des piles de rechange (certains formats sont pratiquement impossibles à trouver à l'étranger).

En Amérique du Nord, les appareils d'examen de bagages aux rayons X sont maintenant en principe sans danger pour les pellicules photographiques. Il est difficile d'être aussi catégorique dans le cas des équipements vétustes de nombreux aéroports de pays en voie de développement. L'exigence d'une fouille manuelle est un droit auquel on peut faire appel au Canada et on ne vous le refusera que très rarement aussi dans les autres pays. Il est donc inutile de faire l'achat de ces étuis anti-rayons X quelquefois conseillés pour parer à ce problème. Ils sont coûteux, lourds (l'enveloppe est généralement faite de feuilles de plomb) et devraient en principe lester le sac à dos durant tout le voyage pour servir quelques minutes au retour. Il est à noter que moins la pellicule est sensible, moins la possibilité de dommage est élevé mais que les effets des rayons X sont cumulatifs.

Sauf exception (c'est-à-dire certains pays asiatiques), le développement des pellicules photographiques sur place est risqué, particulièrement pour les émulsions peu communes ou demandant des soins spéciaux (diapositives, films « pointus »). Ce manque de constance n'est pas lié à la compétence de l'opérateur mais surtout à la difficulté d'obtenir et de conserver les produits chimiques de développement dans de bonnes conditions. Dans les grandes villes, le développement de films papier ordinaires (100-400 ASA) est sans doute satisfaisant, mais si on tient à être certain de la qualité du développement, il est préférable d'attendre au retour pour le traitement.

Pour ce qui est de l'expédition par la poste de ses pellicules, les risques de perte sont relativement élevés et il est de loin préférable de les garder avec soi.

DIVERS

Dans cette catégorie, s'amassent tous les objets hétéroclites et non classifiables qui reflètent le mieux le sens pratique des vieux routiers. D'utilité brillante ou obscure, ils varient d'un sac à dos à l'autre selon l'imagination de son propriétaire et l'intensité de ses obsessions naturelles, soit la réduction du poids de son sac, la réduction des coûts du voyage et l'augmentation de son confort personnel.

L'usage multiple est évidemment à l'honneur. Par exemple : la soie dentaire. Très résistante, elle peut servir de fil à coudre pour réparer un accroc au sac à dos ou à ses chaussures ; elle peut servir de ficelle d'appoint pour suspendre une moustiquaire et peut même servir de corde à linge ! Certains s'en servent pour leur hygiène buccale.

Autre exemple : les récipients de films 35 mm en plastique. Totalement hermétiques, on peut y transvaser après nettoyage tout liquide ou solide qui prend un malin plaisir à se répandre dans son sac tel que dentifrice, crème solaire, crème hydratante, shampooing, condiments pour les campeurs etc. Ces récipients sont souvent disponibles gratuitement dans les magasins photo.

Quelques sacs de plastique font aussi beaucoup de chemin. Deux ou trois grands sacs noirs ou oranges style « jardin » sont très utiles lorsque vient le temps de laisser du matériel pour quelque temps sous les soins d'un hôtelier ou d'une connaissance ; de se faire un imperméable de fortune pour soi ou son sac à dos, ou un sac à linge lors du lavage.

Quelques sacs plus petits mais épais et résistants protègent très bien les livres et les documents de voyage et gardent l'appareil photo à l'abri de la poussière. Enfin, quelques petits sacs à fermeture hermétique genre « Ziploc » peuvent tenir argent et passeport au sec dans leur pochette malgré l'humidité et la sueur.

Si le budget de voyage restreint à utiliser les hôtels les plus économiques, quelques petits articles particuliers s'imposent. Les bouchons d'oreille en mousse jetables tels qu'employés par les travailleurs d'usine sont très pratiques. En prévoir une bonne quantité car les occasions de s'en servir sont malheureusement toujours plus fréquentes que prévu et une réutilisation des bouchons usagés en milieu tropical peut être une cause d'infection. On peut s'en procurer chez les vendeurs d'équipement de sécurité industrielle. Ils sont aussi disponibles dans de nombreuses pharmacies mais à un prix unitaire beaucoup plus élevé. Dans le même ordre d'idée, un somnifère léger est souvent utile lors de longs déplacements en autobus ou pour trouver le sommeil dans les hôtels bruyants. Si l'on transporte un appareil électrique quelconque, une prise qui se visse ou s'insère dans une douille d'ampoule électrique sera sûrement utile (s'informer du type de douille en usage dans le pays à visiter). Un bouchon plat universel en caoutchouc permet de se servir des lavabos pour faire du lavage. Un drap style « sac à viande » est utile lorsque la propreté du lit laisse à désirer. À ce propos, plusieurs voyageurs transportent un mince sac de couchage en tout temps, particulièrement dans les pays au climat frais. Il sert de couverture lors des trajets de nuit dans les autobus et les trains et de couette d'appoint dans les hôtels économiques. Une moustiquaire de lit est utile dans plusieurs pays tropicaux, particulièrement à la saison des pluies. Légère, elle assure une nuit sans moustiques ; ce qui est particulièrement important dans les pays où la malaria est endémique. Elle procure en plus un vague sentiment de sécurité en regard aux différentes bestioles qu'on s'imagine à tort ou à raison rôder la nuit venue. À l'occasion, dans les hôtels les plus bas de gamme, particulièrement en Asie, les portes de chambre ne se verrouillent qu'à l'aide d'un cadenas. Il est préférable dans ce cas d'avoir le sien, soit que l'établissement n'en fournisse pas ou soit que celui fourni soit ridicule.

Pour parer à l'imprévu, une petite trousse de réparation doit idéalement faire partie du sac. Elle devrait inclure une mini-trousse de couture à laquelle on peut ajouter divers articles tels qu'une alêne, des épingles de sûreté de différents formats, du ruban adhésif résistant, une paire de ciseaux pliants, une lame de rasoir etc. Quelques boucles de rechange pour le sac à dos (en particulier la grosse boucle de ceinture) peuvent dépanner, car ces dernières prennent un malin plaisir à se coincer dans les carrousels à bagages des aéroports et à se faire broyer par la porte des compartiments à bagages des autobus. Un canif suisse qui comprend quelques outils (dont l'indispensable tire-bouchon) et un ouvre-boîtes est aussi très utile, de même qu'une mini calculatrice pour faire la conversion des taux de change. Si un compagnon est disponible, un jeu de carte ou un jeu de société de poche allège les longues heures à attendre les autobus, les trains ou les bureaucrates. À ce propos, un ou deux romans de format de poche font aussi l'affaire et ces derniers sont particulièrement réconfortants après quelques semaines à essayer de se faire comprendre dans une autre langue… le plus navet des romans coule comme du miel !

Un impératif est le livre de voyage. Cet article tout personnel demande un effort d'écriture journalier mais il le rend bien. Surtout quelque temps après le retour, lorsque la routine a repris le dessus, que les noms des villes exotiques jadis traversées se brouillent dans ses souvenirs et que la vie semble si monotone. Il devient presque une bouée. Quoi de plus satisfaisant aussi, que d'avoir des réponses précises quand des questions nous sont posées sur un pays ou un voyage en particulier. Il aide à situer les images photos, à mettre des noms sur les visages et à planifier les prochains voyages. Nul besoin d'acheter un de ces livres supposément conçus pour cet usage. N'importe quel livre de bonne qualité, à couverture rigide, fait l'affaire. On peut y joindre un bâton de colle afin d'y apposer divers souvenirs tels que billets de bus, tickets d'admission ou étiquettes de bières locales. Il est utile d'y aménager une section à la fin ou au début dans laquelle est consignée des renseignements utiles en cas de pépin ou seulement en guise de référence rapide ; soit son numéro de passeport, ses numéros de chèques de voyage avec, à mesure, leur date d'échange et le taux obtenu ainsi que le numéro de téléphone à utiliser en cas de perte, numéros et détails des billets d'avion, numéros de série de son appareil photo, de carte de crédit etc. Si l'on voyage avec un compagnon, il est sage de s'échanger une copie de ces renseignements en cas de perte totale des avoirs de l'un ou de l'autre. Le reste du livre est rédigé selon ses goûts personnels. Les systématiques y notent une foule de détails passionnants allant d'un état de leurs dépenses personnelles au centavo près jusqu'à la température ambiante journalière ; les contemplateurs y vont de leurs impressions sur les circonvolutions de leur moi intérieur, mais la grande majorité y

coucheront plutôt un mélange d'impressions personnelles, d'anecdotes et de renseignements divers
qui ne manqueront pas de ranimer de superbes
souvenirs après le retour. L'important est surtout de
se discipliner à y écrire chaque jour. L'effort en
vaut largement la peine.

TRANSPORTS

Que ce soit en usant ses chaussures ou dans le confort d'un avion supersonique, le voyageur peut maintenant se déplacer presque partout dans le monde, à coût relativement bas. Les types de transport varient selon la distance à parcourir et les pays visités.

POUR SE RENDRE À DESTINATION

L'AVION

Après avoir rêvé de pays inconnus et en avoir choisi un sur lequel le futur voyageur s'est renseigné, il ne reste plus qu'à faire ses bagages et partir. Vu la distance relativement grande à parcourir pour se rendre à destination, le moyen le plus utilisé pour partir de chez soi sera l'avion. Doit-on pour cela contacter toutes les compagnies d'aviation pour trouver un horaire qui convient et un prix avantageux ? La réponse est non. Le moyen le plus efficace pour acheter un billet d'avion est de contacter une bonne agence de voyage, laquelle se chargera de toutes les démarches nécessaires à l'obtention de ce billet. Il n'y a aucun avantage à négocier directement avec une compagnie aérienne car elle ne vous fera pas économiser la commission qu'elle verse à l'agence de voyage, quoique le versement de cette commission soit une pratique qui tend à disparaître.

L'avantage principal à consulter une bonne agence de voyage est que c'est l'agent ou l'agente qui fera les démarches nécessaires auprès de plusieurs compagnies aériennes afin de dénicher le billet qui vous convient, quitte à réarranger le trajet de vol, après avoir discuté de vos besoins et de vos limites de temps et de budget. N'hésitez surtout pas à lui faire part des spéciaux qui sont annoncés dans les journaux et qui pourraient être avantageux pour vous. Une bonne agence de voyage ne se trouve pas à tous les coins de rue. Peut-être des personnes de votre connaissance en connaissent-elles une ; sinon, le voyageur averti fera le tour de quelques agences avant de dénicher la bonne place, surtout dans le cas de l'achat d'un billet sortant de l'ordinaire. Il existe toutes sortes d'agences de voyage ; certaines sont spécialisées en voyage-forfait alors que d'autres couvrent certains pays ou continents. Les agences de voyage membres de l'agence canadienne des associations touristiques (ACTA) ont un code d'éthique et certaines exigences à respecter. Seules les agences membres de l'Association internationale du transport aérien (IATA) peuvent émettre les billets de transport international.

Le coût d'un billet d'avion est très variable pour un même vol. Bien sûr, on s'attend à payer plus cher un billet de première classe qu'un billet en classe économique. Mais pour une même classe, il peut également y avoir une grande variabilité dans le prix d'achat. Cette variation provient surtout du fait que les conditions d'achat et d'utilisation du billet ne sont pas les mêmes. Généralement, les billets les moins chers sont ceux dont l'utilisation est la moins souple. Il faut par exemple partir et revenir à date fixe, aucune escale n'est possible en chemin et ils ne sont pas remboursables. Les prix peuvent aussi différer du fait que le billet d'avion ait été acheté un mois ou une semaine avant le départ ou du fait que le voyage dure un mois, quatre mois ou que le billet a une date de retour ouverte, c'est-à-dire non fixée. Dans ce dernier cas, il est préférable de mettre quand même une date de retour pour avoir au moins un siège de réservé. Le fait que le billet soit ouvert ne confère aucune priorité de réservation. Si le retour doit s'effectuer en haute saison, par exemple à Noël, mieux vaut réserver la date longtemps à l'avance. Sinon, les vacances risquent d'être beaucoup plus longues que prévu ! Donc, lors de l'achat d'un billet d'avion, le voyageur aura à fixer les limites et les conditions d'utilisation du billet qu'il est prêt à accepter.

Avant d'acheter un billet ne comportant qu'un aller simple, le voyageur doit bien se renseigner. En effet, certains pays exigent, pour laisser entrer les voyageurs, qu'ils aient en leur possession un billet d'avion comportant un retour ou du moins une date de vol vers un autre pays. Cette information est quelquefois disponible dans les livres-guides pour voyageur indépendant, mais la source de renseignement la plus sûre et la plus à jour reste leur représentant consulaire au Canada ou aux États-Unis s'ils ne sont pas présents au Canada. Pour connaître leurs coordonnées, il suffit de contacter le bureau du député fédéral de votre comté ou le ministère des Affaires étrangères et du Commerce international au 1-800-267-8376.

Les vols nolisés présentent probablement le prix le plus avantageux sur le marché. Dans ce cas, une compagnie indépendante (un grossiste en voyage, par exemple) affrète un avion complet, c'est-à-dire qu'elle loue l'avion et l'équipage. Elle doit donc vendre le maximum de sièges pour rentabiliser son investissement. C'est le temps de profiter des rabais de dernière minute alléchants qu'elle offre pour réussir à remplir tous les sièges. Par contre, les conditions d'utilisation sont strictes (pas d'escale, pas de remboursement, pas de changement de date possible, etc.), et le billet est souvent restreint à un aller-retour se faisant en deux semaines ou en un mois, en cherchant bien. C'est le billet idéal pour le voyageur « économe ». Pour quelqu'un qui veut partir quelques mois au Mexique ou plus au sud, une combinaison économique possible est d'acheter un billet d'un vol nolisé vers par exemple Acapulco, dont seulement la partie « aller » sera utilisée. De là, le voyageur indépendant se déplace avec les moyens de transport locaux. Pour le retour, il remonte à la frontière Mexique-Texas d'où il peut prendre l'autobus de Laredo-Montréal via New-York. Il faut dans ce cas que le voyageur ait été assez sage pour se garder l'argent nécessaire à l'achat de son billet de retour, ce qui représente un risque. Pour ceux qui aiment voyager jusqu'à épuisement des pesos, mieux vaut partir avec un billet aller-retour.

Pour les jeunes comme pour les plus vieux, il existe des rabais avantageux. Pour ceux d'âge moyen, il reste le fameux *stand-by*. Ce tarif *stand-by* implique de se présenter à l'aéroport sans aucune réservation et d'attendre qu'un siège soit disponible pour la destination choisie. Ce type de tarif n'est pas offert au Canada. L'endroit le plus connu près du Québec pour profiter de ces prix est New-York. Puisqu'il n'y a aucune réservation possible, il ne faut pas être pressé de partir ; l'attente à l'aéroport peut être longue. Bien sûr, même au Canada, il est possible de se présenter à l'aéroport sans réservation. Mais si une place est disponible, il faudra payer le prix régulier. Il n'y a donc pas d'avantage à agir ainsi pour le voyageur économe.

Pour les voyageurs de moins de 25 ans, il est possible de profiter de rabais appelés *stand-by* mais seulement pour les vols à l'intérieur du Canada. Il s'agit dans ce cas de contacter la compagnie aérienne pour réserver son billet. Plusieurs restrictions s'appliquent ; par exemple, ce tarif est valide sur certains vols seulement, comme ceux de soir ou de nuit. Il s'agit donc d'une variante du *stand-by* qui n'implique pas d'attente à l'aéroport.

Pour les personnes de l'âge d'or, pour les étudiants ou pour les enfants de moins de 12 ans, certaines compagnies aériennes offrent des rabais ; les enfants de moins de 2 ans peuvent payer 10 % du prix régulier sur certains vols. Discutez des possibilités de rabais avec votre agent de voyage.

Les compagnies aériennes ont mis sur pied des programmes pour « grands voyageurs » qui sont avantageux pour quiconque envisage de voyager souvent. Ces programmes, genres *Air Miles* ou *Aéroplan* permettent d'accumuler des points à chaque voyage ou achat. Avec un certain nombre de points amassés, la compagnie offre un voyage gratuit.

En résumé, plusieurs possibilités s'offrent au voyageur. Quoique les tarifs offerts par les compagnies de vols nolisés soient alléchants, le voyageur doit être sûr d'en accepter les conditions strictes. Des rabais intéressants peuvent peut-être s'appliquer à votre cas ; le mieux est d'en discuter avec un ou une agente de voyage.

Voilà maintenant l'instant fébrile où l'accord est donné à l'achat du billet. Le voyageur exigera bien sûr un reçu ; mais il peut essayer d'obtenir mieux. Sur ce reçu, il est en effet préférable qu'y apparaissent les conditions et les limitations du billet. Dans certains cas, le vendeur pourrait mal vous expliquer les conditions d'utilisation d'un billet, surtout s'il s'agit d'un type de billet qu'il n'a pas l'habitude de vendre. Le fait de lui demander d'écrire ce qu'il promet a l'effet de l'inciter à vérifier ses dires. Cela pourra faire en sorte de diminuer le nombre de mauvaises surprises, comme de constater à Delhi que le changement de date à effectuer pour une escale coûte 100 $ plutôt que d'être gratuit !

C'est aussi lors de l'achat du billet que l'on peut prévenir la compagnie aérienne (par l'entremise de l'agence de voyage) d'une préférence pour les menus végétariens, la viande kascher, les menus pour enfants ou autre demande spéciale, si cette compagnie offre ce service. Pour ceux qui voyagent avec des enfants, c'est le moment de s'informer des différents services et équipements offerts à bord de l'avion. On peut aussi à ce moment s'acheter des assurances-bagages (en cas de perte ou de vol) ou une assurance-annulation. Dans ce dernier cas, il s'agit d'une assurance qui fera en sorte que le prix du billet d'avion sera remboursé en cas de maladie subite, de blessure nous empêchant de se déplacer, de décès dans la famille, etc., mais pas dans le cas où on a changé d'idée. Il s'agit de bien lire les petits caractères.

Tout billet d'avion comporte des restrictions et des conditions. La condition la plus commune est celle de confirmer son départ en téléphonant à la compagnie aérienne ou au représentant du grossiste que l'agence de voyage vous désignera. Cela doit être fait 72 heures à l'avance. Si le vol comporte plusieurs escales, ce principe est valable pour chaque escale, à moins que celles-ci ne soient de courte durée ; dans ce cas, elles pourront toutes être confirmées en même temps. À défaut de s'astreindre à cette condition, le voyageur pourrait avoir la mauvaise surprise de se voir refuser l'accès à bord. Pour le voyageur indépendant, s'astreindre à cette démarche est le seul moyen de savoir si l'horaire de retour de son vol a été changé ; la compagnie aérienne ne possède aucun moyen de le rejoindre autrement.

Pour les vols internationaux, il est souvent demandé de se présenter à l'aéroport jusqu'à trois heures avant le départ. Il y a aussi un temps minimal pour se présenter, au-delà duquel la compagnie pourra refuser l'accès à bord de l'avion et même vendre à quelqu'un d'autre le précieux billet. Mieux vaut donc être à temps. En arrivant tôt à l'aéroport, cela permet un meilleur choix de siège et aussi d'éviter les effets de la survente. La survente est une pratique des compagnies aériennes qui vendent plus de billets qu'elles ne possèdent de sièges afin d'être certaines que leur avion sera plein. Si tout le monde se présente à l'aéroport, la compagnie demandera des volontaires pour rester au sol, sinon elle choisira ceux qui ne pourront partir. Chaque compagnie a sa propre politique à ce sujet, qu'elle garde secrète.

Comme restriction sur les billets d'avion, il y a celle relative aux bagages. Le voyageur peut apporter dans l'avion un bagage à main de dimensions définies, qui sont décrites sur le billet. Chaque passager a aussi droit à des bagages enregistrés (qui seront mis dans la soute à bagages). Cela peut être une limite de deux bagages, d'un poids maximal de 32 kilos chacun ou tout simplement un poids total de 20 kilos. Si le billet comporte plusieurs escales, les limites de poids peuvent être différentes pour chacune d'elles. Ces limites sont inscrites sur le billet d'avion dans la colonne « allow/franch », et l'agent de voyage peut vous expliquer ces conditions. Il faut ouvrir l'œil pour ne pas avoir à faire face au regard réprobateur du préposé au guichet ! Si on prévoit dépasser le poids permis pour les bagages enregistrés, on peut déjouer la balance en mettant le maximum de poids dans le bagage à main. Il est en effet rarement contrôlé quant à son poids et un surplus de bagage enregistré coûte très cher. Surtout, il ne faut jamais accepter de transporter un colis pour quelqu'un d'autre ni se présenter à l'aéroport avec un paquet dont on ne connaît pas le contenu. Les bagages sont à faire soi-même, pour ainsi éviter des passages de douanes douloureux.

Lors du retour au pays, le voyageur peut se retrouver dans l'obligation de payer une taxe d'aéroport dans le pays visité. Il vaut donc mieux prévoir garder un certain montant pour cette taxe, qui est payable en argent du pays. Le prix varie mais tourne souvent autour de 15 $. Parfois, surtout dans le cas des vols nolisés, cette taxe est incluse dans le prix du billet d'avion. L'agence de voyage devrait être en mesure de fournir cette information.

Vous voilà maintenant prêt à prendre l'avion vers le pays de vos rêves. Vous avez mis vos pantalons serrés, votre chandail tricoté par tante Hortense et vos belles grosses bottes de marche… Le voyage en avion va être long ! Particulièrement pour les longues distances, le voyage en avion sera plus confortable dans des vêtements amples. Quoique le tricot ait sa place, prévoir aussi un chandail léger ou une chemise. L'air dans la cabine d'un avion étant très sec, mieux vaut remiser les verres de contact et les remplacer par des lunettes, à moins que la sensation de se faire arracher les yeux ne vous dérange pas. L'alcool est tentant et quelquefois gratuit, mais il est préférable de boire de l'eau ou des jus pour contrer les effets de la déshydratation. Un oreiller gonflable pour le coup facilitera le sommeil et quelques petits exercices d'étirement permettront d'éviter les crampes ; il y a parfois un espace libre à l'arrière de l'appareil pour se dégourdir un peu. Enfin, dans le bagage à mains, il faudra prévoir y mettre sa trousse de toilette et le minimum pour survivre quelque temps au cas où les bagages n'arriveraient pas à destination en même temps que son propriétaire.

LE BATEAU ET L'AUTOBUS

À part l'avion, on peut aussi quitter le pays par toutes sortes de moyens, dont le bateau et l'autobus. Les voyages en bateau cargo sont chers par rapport à l'avion, mais pour qui veut vivre l'expérience des voyages en mer sans se retrouver sur un bateau de croisière, trois sources d'information sont accessibles, toutes provenant des États-Unis. Il s'agit de : Freighter World Cruises, 180 South Lake 335S, Pasadena, CA 91101, USA (818) 449-3106 ; Freighter Travel News, 3524 Harts Lake Road, Roy, WA 98580, USA et Maris USA, Freight Cruise Newsletter, Westport, Connecticut, (203) 222-1500 ou 1-800-996-2747. Une quatrième source existe ; il s'agit d'un livre intitulé *Le nouveau guide des voyages en cargo,* par Hugo Verlomme, Éditions JC Lattès, 1998.

L'autobus peut aussi s'avérer intéressant pour atteindre des pays situés près du nôtre, comme les

États-Unis et le Mexique, à un coût peu élevé. Le coût du billet d'autobus varie en fonction de plusieurs facteurs comme le délai de réservation, l'âge du voyageur, la durée et l'époque du voyage, le nombre d'escales souhaité, etc. La compagnie Voyageur Colonial (tél. : (514) 842-2281) dessert les États-Unis et offre un service Montréal-New-York-Laredo (Texas, à la frontière du Mexique) pour environ 150 $. Mais attention : le trajet dure 60 heures ! D'après quelques expériences vécues, ce sont les 15 premières les plus difficiles. Passé ce temps, le « patient » se retrouverait dans un état plus ou moins végétatif jusqu'à l'arrivée à destination. Dans le cas d'un voyage de plusieurs heures, il peut être avantageux de se réserver toute la banquette arrière, ce qui permettra de s'étendre pour dormir. Mais ne pas oublier que les dossiers de ces sièges ne s'inclinent pas et que les toilettes sont à proximité !

LES TRANSPORTS INTERNES

LES TRANSPORTS EN COMMUN

Une fois arrivé à bon port, le voyageur à petit budget utilisera le plus souvent les transports en commun pour se déplacer dans le pays visité. Pour les déplacements sur courte distance, une grande variété de transport existe. On peut ainsi retrouver l'autobus, le train, le métro, le taxi, le *rickshaw* et ses dérivés. Dans les grandes villes, le métro est d'utilisation facile et rapide lorsqu'il existe. Même s'il est quelquefois interdit d'y entrer avec de gros paquets, s'essayer avec un sac à dos ne coûte rien ; au pire on se fait poliment refuser l'accès. Les autobus municipaux ne sont pas toujours avantageux à prendre, surtout avec un gros bagage. Ils sont souvent bondés et il peut être difficile de trouver lequel va dans la direction souhaitée. Dans certains pays, le coût du taxi est tellement bas qu'il ne vaut pas la peine de s'en passer si les distances sont courtes. Sans compter les *rickshaws* si présents en Asie ; le *rickshaw* est un genre de triporteur bruyant, polluant et dont le conducteur a de la parenté dans toutes les boutiques de souvenir et les hôtels mais il est rapide et économique. Dans le cas du taxi et du *rickshaw,* il faudra la plupart du temps marchander le prix du déplacement. Il s'agit alors de s'informer aux gens de la place ou aux gens travaillant à l'hôtel combien eux paieraient pour un tel déplacement. En étant bon marchandeur, c'est possible d'atteindre ce même prix ! Parfois, ils auront aussi des compteurs. S'ils en ont, il faut insister pour les faire mettre en marche. Il est étonnant de constater le nombre de compteurs en dérangement qui se réparent en un clin d'œil juste en faisant mine de prendre un autre taxi. Dans tous les cas, les négociations doivent être vues comme un jeu et la bonne humeur est de mise. Il faut garder à l'esprit que les coûts impliqués sont souvent minimes et qu'il devrait donc y avoir moyen de contenter et le client et le conducteur.

Pour les déplacements de longues ou moyennes distances, l'autobus ou le train est le moyen de transport idéal. La plupart du temps, il y a un terminus ou une gare où les prix sont affichés. Il peut arriver que chaque compagnie ait son propre terminus, ce qui complique le magasinage des billets ou que, dans une grande ville, il y ait plusieurs terminus, un pour chaque direction (nord, sud, est, ouest) que couvrent les circuits offerts. Un bon livre-guide du pays visité mentionnera l'emplacement des différents terminus ou gares. Dans certains pays, il n'y a pas vraiment de terminus au sens où on l'entend, mais les gens du pays connaissent bien les sites d'embarquement ; il suffit de s'informer localement. Dans les livres-guides, on mentionne quelquefois les heures de départs et les prix pour les principales destinations. Les horaires sont sujets à changement ; quant aux prix, aussi sujets à changement, ils peuvent varier soit à cause de la concurrence féroce, soit à cause de la qualité de l'autobus ou du wagon de train ; il y a souvent des tarifs réduits pour les étudiants. En plus des trains et des autobus, on peut retrouver toutes sortes de variantes comme les minibus, les taxis collectifs et les camionnettes modifiées par l'ajout d'un siège dans la boîte et même parfois d'un toit.

Ces derniers moyens de transport sont généralement plus chers que l'autobus mais plus rapides.

Lors de l'achat du billet d'autobus il peut arriver de devoir en marchander le prix, mais cela reste l'exception. La plupart du temps celui-ci est bien affiché et les étrangers paient tout simplement le même prix que tout le monde. Si la personne au guichet a de la difficulté à comprendre ce que vous dites malgré votre charmant accent, écrivez sur un bout de papier la destination désirée ; il y a des chances que ça fonctionne. Lors du choix de l'autobus, mieux vaut éviter ceux qui présentent des films-vidéos pour les longs trajets. Le son est généralement abominable et le scénario tout autant.

L'autobus est probablement le moyen de transport le plus souvent utilisé lors de voyages à petit budget. Contrairement à ici, les gens qui possèdent leur propre automobile sont peu nombreux dans les pays en voie de développement. Les transports en commun sont donc très développés et vont dans les moindres petits villages. Qui dit transport en commun ne dit pas nécessairement confort en commun ! Ce confort peut varier de l'autobus de luxe qui donne droit au service d'un agent de bord offrant thé et sandwich jusqu'à l'ancien autobus scolaire (québécois ?) bondé de gens, de poules, de meubles, et de tout ce qui peut se vendre au marché. Il faut oublier notre distance interpersonnelle le temps du déplacement et profiter de ce contact avec les gens, même s'il est un peu trop intime ! Si le trajet à parcourir est long, mieux vaut prendre avec soi un petit sac à dos, le gros bagage étant souvent hors de portée lors de tels déplacements. Il suffit d'y glisser un livre de poche, quoique les conditions se prêtent rarement à la lecture ; mais surtout une bouteille d'eau ; les petites pilules contre le mal des transports, même si vous n'y êtes normalement pas sujet ; du papier de toilette et des pilules contre la diarrhée si vous devez vous déplacer tout en étant victime de la tourista ou si vous craignez l'être. Peuvent s'y ajouter les bouchons pour les oreilles, utiles lorsque le choix de musique du conducteur ne convient pas ou que l'autobus est trop brinquebalant ; un chandail chaud s'il est prévu de traverser des cols de montagne et un petit appareil photo automatique qui permettra de croquer sur le vif des scènes inoubliables, tout en restant discret. Inutile d'attirer l'attention avec un appareil vidéo qui pourrait tenter les voleurs. Pour les longs déplacements, prévoir de la nourriture, quoique lors des arrêts, les vendeurs de toutes sortes prendront l'autobus d'assaut pour vendre leurs derniers plats mijotés. Il peut arriver qu'il y ait des « arrêts-pipi » dans le milieu de nulle part. Pour les femmes, une jupe ample pourrait alors être le seul abri possible. Il s'agit d'observer comment se comportent les femmes du pays et de s'y ajuster.

Quant à l'avion, il arrive que les vols nationaux soient à un coût assez avantageux pour l'utiliser. Ce moyen de transport peut faire économiser beaucoup de temps. Il s'agit de calculer ce qui est le plus avantageux, soit de gagner du temps en payant plus cher ou de payer moins cher en allant plus lentement. Il est aussi possible, dans certains pays, de se déplacer par bateau. Il existe différentes classes, mais même en classe économique il y a souvent des tarifs réduits pour les étudiants. Les compagnies ne demandent pas toutes des preuves de ce statut ; il s'agit donc d'en profiter ! Ceci vaut aussi bien pour les avions que pour les trains et les autobus.

L'AUTO-STOP

Pour ce qui est de se déplacer en faisant de l'auto-stop, c'est possible dans plusieurs pays et ce sera quelquefois le seul moyen de se rendre dans des coins particulièrement isolés. Le principe de se tenir le pouce en l'air est loin d'être universel et il faudra donc observer comment font les gens de l'endroit. Par exemple, en Équateur, on agite la main vers le bas. Et on embarque dans la boîte de la camionnette. Au diable la ceinture de sécurité ! Il y a parfois un prix à payer pour ce service mais il est rarement élevé. Dans quelques pays, ce type de transport est tellement commun, que les prix sont déjà fixés, qu'on soit ou non des *gringos*. Il vaut mieux être habillé décemment si on ne veut pas poireauter toute la journée. Parler la langue du pays ou du moins quelques mots devient alors important, car la plupart des gens qui font monter un voyageur dans leur véhicule sont intéressés à connaître leur pays et se trouveront frustrés s'ils ne peuvent communiquer avec lui d'une façon ou d'une autre.

L'AUTOMOBILE

Pour le voyageur à petit budget, la location ou l'achat d'un véhicule n'est pas la façon la plus économique de voyager. En effet, le prix de location d'une voiture est aussi, sinon plus élevé qu'ici. Par contre, cela reste une possibilité, particulièrement dans les hôtels populaires localisés à proximité d'attraits non accessibles autrement. Il est alors relativement facile de se regrouper avec d'autres voyageurs pour partager les coûts. Si cette option est envisagée, il faut prévoir se procurer un permis de conduire international. Le permis international n'est en fait qu'une traduction en 10 langues du permis de conduire conventionnel. Il faut donc trimballer l'original avec le permis international. Ce dernier est disponible auprès de l'association canadienne des automobilistes (CAA). Il faut fournir deux photos format passeport. Le coût est de 10 $ en allant se le procurer dans les bureaux du CAA (ils peuvent prendre les photos sur place, avec frais supplémentaires) ou de 11,50 $ en le faisant envoyer par la poste. Ces coûts sont applicables aux membres comme aux non-membres, car cette association a reçu le mandat du gouvernement pour offrir ce service au grand public. On peut rejoindre le CAA-Québec en composant le 1-800-222-4357.

Un voyageur qui conduit un véhicule en pays étranger ne doit pas oublier qu'il est soumis aux lois de ce pays. Leurs représentants au Canada peuvent donner des renseignements à ce sujet. En cas d'accident routier, les Québécois sont couverts n'importe où dans le monde par la Société d'assurance automobile du Québec, qu'ils soient impliqués en tant que conducteur, passager, piéton ou cycliste, mais seulement pour leurs dommages corporels. Il faut aussi prévoir que le remboursement des frais médicaux ne se fait qu'une fois revenu au pays. Dans le cas de blessures graves ou d'une situation complexe, il faut communiquer avec la Société qui pourra alors assumer les frais d'hospitalisation. Le problème est que la Société n'offre son service que sur les heures d'ouverture normales des bureaux du gouvernement. Elle conseille donc fortement de prévoir une assurance médico-hospitalière indépendante, qui offre généralement un service 24 heures sur 24, 7 jours par semaine. La Société publie une brochure à ce sujet, intitulée *Partir en toute assurance*. Elle est disponible dans les bureaux de la Société ou en téléphonant au 1-800-361-7620. Pour ce qui est des dommages matériels ou des dommages corporels causés à autrui, il faut prévoir une assurance privée pour les couvrir. Dans le cas d'une location d'auto, cette assurance est généralement offerte par la compagnie de location en payant un supplément.

LES FRONTIÈRES

Lors de différents déplacements dans les pays en voie de développement, il arrive qu'il faille franchir des postes douaniers. Si les douaniers posent des questions, il faut y répondre calmement et honnêtement. Ces passages peuvent être longs, mais ne jamais offrir de pots-de-vin à un douanier en pensant que leur lenteur est une invitation à un tel geste ; cela pourrait amener une situation embarrassante du genre « tentative de soudoyer un représentant de la loi ». Le voyageur a avantage à rester en tout temps courtois et respectueux car cette attitude facilitera les passages. Si un douanier demande un certain montant d'argent pour une taxe quelconque, mieux vaut demander un reçu avant de payer. Certaines de ces taxes disparaissent alors aussi vite qu'elles sont apparues.

S'il est prévu de traverser une frontière lors du voyage, il en revient généralement moins cher en le faisant en deux étapes. Il faut d'abord prendre un autobus local qui mène à la ville frontière du pays « A ». On franchit la frontière à pieds. De l'autre côté, prendre un autobus local du pays « B » vers la ville choisie. On sauve ainsi les coûts élevés des transports internationaux, qui peuvent parfois revenir deux ou trois fois plus chers qu'avec les transports locaux respectifs. Ne jamais franchir une frontière dans un véhicule privé avec des gens que l'on ne connaît pas. En effet, dans certains pays, si ces derniers sont accusés d'acte criminel, ceux qui se trouvent en leur compagnie peuvent aussi être accusés par association. Mieux vaut dans ce cas être vraiment un « voyageur indépendant ». Les livres-guides qui s'adressent aux voyageurs indépendants font mention des postes douaniers à éviter, c'est-à-dire ceux où les douaniers sont d'une honnêteté douteuse ou là où il y a eu des cas de drogue mise dans les bagages par les douaniers dans le but de soutirer de l'argent au « riche » étranger. Ces postes sont heureusement très rares et il est facile de voyager sans ces problèmes.

Lors du retour au Canada, il se peut que les douaniers veuillent fouiller certains bagages. C'est au propriétaire de ces bagages que revient la joie de les ouvrir, de les vider et de tout remettre en place. Il en est de même dans plusieurs pays. À chaque fois que l'on revient de voyage, on peut rapporter au Canada certains biens achetés à l'étranger. Si l'on ne veut pas payer de droits de douane et d'autres taxes, il faut se limiter à ce que permet Revenu Canada. Depuis juin 1995, on peut rapporter au Canada des biens achetés en voyage pour une valeur de 500 $ à chaque fois que l'on s'absente du pays pour plus de sept jours. Il y a des limites quant à la quantité de produits du tabac (200 cigarettes, 50 cigares ou cigarillos, 400 bâtonnets de tabac et 400 grammes de tabac fabriqué) et d'alcool (1,14 litre de vin ou de spiritueux, ou 24 canettes ou bouteilles de 355 ml de bière ou d'ale) que l'on peut rapporter. Cette information est disponible auprès de l'agent de voyage, des bureaux de Communication Québec ou de Revenu Canada (brochure *Je déclare*).

Harau, Sumatra. Enfants dans une charrette.

San Juan Ostuncalco,
Guatemala.
Jeune fille au marché.

Leh, Ladakh.
Séparation de l'orge
en le lançant au vent.

SANTÉ

Toute personne qui s'intéresse aux voyages a entendu parler des petits maux du voyageur. Que ce soit de la légendaire tourista, des bouches carbonisées par les salsas ou bien encore de maux plus exotiques tels que la malaria et autres maladies tropicales, les histoires d'horreur ne manquent pas sur ces sujets croustillants. Il est vrai que le voyageur qui s'aventure hors des sentiers battus dans des pays en voie de développement est exposé à des conditions sanitaires rudimentaires. Les climats chauds et humides favorisent le foisonnement des micro-organismes et parasites. De plus, la faiblesse économique de la plupart de ces pays se traduit par des conditions d'hygiène difficiles et des systèmes publiques de santé souvent inadéquats.

La santé du voyageur dépend directement des mesures qu'il entreprend avant, pendant et après son séjour. En agissant de façon responsable à chacune de ces étapes, le voyageur peut avoir la satisfaction d'éviter la très grande majorité de ces malaises qui alimentent si bien la légende.

PRÉPARATION AVANT LE DÉPART

LA CLINIQUE VOYAGE

Quelques mois avant le départ, la première étape d'un voyage en santé est d'acquérir l'information nécessaire sur les maladies présentes dans les pays que l'on compte visiter. Cette information est disponible gratuitement dans les cliniques voyage des CLSC et de certains grands hôpitaux. Ces cliniques possèdent toute l'information mise à jour sur la situation sanitaire (épidémies, maladies endémiques communes, etc.) de tous les pays du monde et possèdent toute la documentation nécessaire sur ces maladies et quantité de trucs pratiques pour les éviter. Elles vendent et administrent aussi tous les vaccins dont le voyageur pourrait avoir besoin. Une visite à l'une de ces cliniques est impérative pour tout séjour plus ou moins prolongé dans un pays en voie de développement ou tropical. Cette visite est d'autant plus importante que certains pays exigent comme condition d'entrée, une preuve de vaccination, par exemple pour la fièvre jaune dans certains pays d'Afrique.

LES VACCINS

Le vaccin est une forme affaiblie ou une souche très proche mais inoffensive du microorganisme qui cause une infection particulière. Lorsque le vaccin pénètre l'organisme (soit par injection, par voie buccale ou autres), il devient une proie facile pour nos anticorps naturels. Ces derniers développent alors une « mémoire » permettant de contrer beaucoup plus efficacement une nouvelle attaque par le même micro-organisme. C'est sur ce même principe que beaucoup de maladies infantiles, comme la varicelle par exemple, ne montrent de manifestation qu'une seule fois durant toute la vie de l'individu. Cette première attaque agit comme un vaccin, développant la « mémoire » des anticorps à l'infection et protégeant désormais l'organisme contre toute nouvelle manifestation de la maladie. Pour certains types d'agents infectieux, les anticorps prennent un temps plus long à développer cette « mémoire » et le vaccin doit donc s'administrer en plus d'une étape. Ces étapes peuvent varier de quelques jours à quelques semaines. C'est pourquoi la visite à une clinique voyage doit se faire le plus tôt possible avant le départ.

Des vaccins très efficaces sont aujourd'hui disponibles pour de multiples maladies susceptibles d'être contractées par le voyageur et de nouveaux sont constamment développés. Leur coût est minime compte tenu de la protection qu'ils apportent et chaque voyageur se doit de ne pas hésiter sur leur administration, aiguilles acérées ou pas. Après tout, même si un voyage est préparé et planifié avec soin, il devient un échec lamentable si l'on y contracte une maladie sérieuse.

Les vaccins reçus sont consignés dans un carnet de vaccination. Ce carnet est disponible dans les cliniques voyage si l'on n'en possède pas déjà un. Ce document est officiel et constitue une preuve de vaccination. Sa vérification peut être exigée à l'entrée de certains pays ou lors de la demande de certains visas. Il doit donc être conservé précieusement et transporté avec soi lors des déplacements à l'étranger.

LA MALARIA

Les cliniques voyage sauront aussi vous informer sur l'incidence de la malaria dans les pays que l'on compte visiter de même que le type de malaria présente, s'il y a lieu. La malaria est une maladie très commune dans la plupart des pays tropicaux du monde et affecte près de 300 à 500 millions de personnes par année. En Afrique subsaharienne seulement, la malaria causerait environ un million de décès par année. La maladie se manifeste par de fortes fièvres, des nausées et une faiblesse générale et subite. Certains types peuvent être mortels si non traités rapidement. La maladie est causée par un parasite du sang, un protozoaire nommé plasmodium. Ce parasite est propagé par les piqûres de moustiques et suit un cycle de vie complexe durant lequel il emprunte plusieurs formes. De façon simplifiée, le parasite fait son entrée dans l'organisme via une piqûre de moustique. Il s'installe ensuite rapidement dans les cellules du foie. S'ensuit une période d'incubation de une à six semaines durant laquelle le parasite subit diverses transformations. Après cette période d'incubation, le parasite repasse dans la circulation sanguine et s'attaque aux globules rouges, dont ils provoquent l'éclatement.

> *Les mots malaria et paludisme dérivent respectivement de l'italien mala : mauvais, aria : air et du latin palus, paludis : marais. Leur origine reflète la croyance avant le XXe siècle, que la maladie était causée par l'air malsain des marécages. Vers 1630, les vertus de l'essence de quinquina (de laquelle sera isolée la quinine, le premier antimalarien connu) sont découvertes. On distingue alors les fièvres des marécages qui sont sensibles à cette médication de celles qui y sont résistantes. Le rôle du moustique comme vecteur de la maladie n'est soupçonné que vers 1895 par sir Ronald Ross (1857-1932) et confirmé en 1898 par Giovanni Battista Grassi (1854-1925). Cette découverte permit entre autres d'accélérer la fin des travaux de construction du canal de Panama, où des milliers de travailleurs avaient perdu la vie aux mains des fièvres des marécages au cours des années précédentes.*

Les deux médicaments les plus communs pour la prévention de la malaria sont la chloroquine (Aralen[md]) et la méfloquine (Lariam[md]), dépendant de la souche de malaria présente dans le secteur visité. Chacun doit être pris régulièrement, généralement une fois par semaine ; ce qui n'est pas évident avec l'Aralen qui a un goût abominable. En fait, je me suis souvent demandé en voyant le sourire narquois du pharmacien, si ce goût n'était pas expressément concocté par jalousie de savoir leurs utilisateurs quelque part sous les tropiques ! Leur action est efficace seulement contre le stade du parasite qui attaque les globules rouges. Ils n'empêchent pas le parasite de pénétrer l'organisme et n'empêchent pas non plus ce dernier de s'installer au niveau du foie. C'est pour cette raison qu'il est impératif que le médicament soit pris pour une période d'au moins quatre semaines après le retour au pays. Il est à noter que certains médicaments contre les allergies ne font pas bon ménage avec la méfloquine. N'hésitez pas à en parler à votre médecin, s'il y a lieu.

Le parasite étant transmis par les moustiques, le meilleur moyen de prévention reste encore de ne pas se faire piquer. Les moustiques étant particulièrement actifs à la tombée du jour, il est opportun de se couvrir les jambes et les bras et dans les zones infestées, d'utiliser un insectifuge à base de DEET (diethyl-toluamide). Plusieurs habitués des zones tropicales transportent avec eux une moustiquaire de camp pour couvrir leur lit ; ce qui leur assure une nuit tranquille et sans risque de piqûres d'insectes. Ces moustiquaires sont disponibles dans les grands magasins de sport. Celles conçues pour le voyage sont compactes, très légères et peuvent être installées pratiquement partout en quelques minutes et avec quelques bouts de ficelle. Certaines sont imbibées de permethrine, un insecticide relativement sécuritaire qui détruit les insectes par contact. La prévention physique des piqûres est d'autant plus importante que bon nombre de maladies tropicales en dehors de la malaria sont transmises par les insectes dont entre autres la fièvre de dengue, l'encéphalite japonaise, la fièvre jaune (moustiques), l'onchocercose (mouches noires) et la maladie du sommeil (mouches tsé-tsé).

AUTRES PRÉCAUTIONS

En plus d'une visite à la clinique voyage, un examen préventif chez le dentiste est fortement conseillé. Cet examen peut vous éviter le plaisir douteux de visiter un de ces cabinets de dentiste à l'allure de salle de torture médiévale, si communs dans les pays en voie de développement. Cette visite préventive est particulièrement recommandée pour les séjours prolongés et ceux durant lesquels on prévoit faire de la plongée sous-marine ou se rendre en altitude.

Des listes de médecins anglophones et dans certains cas francophones, peuvent être obtenues avant le départ en contactant l'International Association for Medical Assistance for Travellers

(IAMAT), 40 Regal Road, Guelph, Ontario, M1K 1B5, (519) 836-0102.

Sur place, les ambassades canadiennes peuvent fournir au voyageur qui en fait la demande des listes à jour de médecins multilingues recommandés. Souvent ce sont les mêmes médecins qui traitent le personnel de l'ambassade même !

ASSURANCES

Mieux vaut se prémunir avant le départ d'une assurance médico-hospitalière privée. Notre régime d'assurance-maladie du Québec ne couvre qu'une partie des frais encourus à l'étranger. La Régie d'assurance-maladie du Québec rembourse les frais hospitaliers et les honoraires des professionnels au taux en vigueur au Québec. La protection offerte par la Régie demeure en vigueur en autant que le séjour à l'étranger n'excède pas cent quatre-vingt-deux jours par année civile ; par contre, à chaque sept ans il est possible de faire un séjour à l'étranger de plus de cent quatre-vingt-deux jours et de rester couvert par la Régie à la condition de l'en aviser par écrit. Des formulaires sont disponibles aux bureaux de la Régie ou dans les pharmacies.

Quoique les coûts des traitements et médicaments soient généralement faibles dans les pays en voie de développement, il y a un risque de devoir être rapatrié en cas de maladie ou blessures graves.

Les coûts sont alors prohibitifs compte tenu que la civière sur laquelle se trouve le malade occupe l'espace d'environ quatre sièges sur l'avion et qu'une infirmière ou un médecin doit l'accompagner. L'utilité d'une assurance médico-hospitalière complémentaire prend alors tout son sens.

Lors de l'achat d'une assurance privée, il faut bien s'informer des conditions d'utilisation. Certaines assurances ne remboursent les frais encourus à l'étranger que lors du retour au pays, avec reçus à l'appui. D'autres offrent un service d'assistance 24 heures sur 24, n'importe où dans le monde et s'occupent de payer les frais immédiatement. Une bonne assurance paie les frais immédiatement et prévoit le rapatriement d'un malade ou de la dépouille en cas de décès à l'étranger. Certaines paient un billet pour qu'une connaissance puisse se rendre au chevet du malade lors d'une longue hospitalisation. Le voyageur doit aussi prévenir la compagnie d'assurance de toute maladie existante avant le voyage. La femme enceinte doit s'informer pour savoir si la compagnie couvre les frais en cas d'accouchement prématuré ou non et si l'enfant sera couvert. Dans le domaine de l'assurance, la compétition est forte et il suffit de bien magasiner pour obtenir des conditions avantageuses !

Il est possible d'avoir déjà des assurances de ce type par l'entremise d'une assurance collective au travail ou en étant propriétaire d'une carte de crédit de type « Or » ou autres. Quelques associations offrent aussi des protections qui s'appliquent dans des cas précis comme pour une hospitalisation ou un décès survenu lors de la pratique de sports tels que l'alpinisme ou la plongée sous-marine, que la plupart des compagnies n'assurent pas ou n'acceptent de couvrir que si l'on paie un supplément onéreux. Une copie du contrat d'assurance devrait être laissée à une connaissance au Canada.

PENDANT LE VOYAGE

L'ENVIRONNEMENT

L'arrivée soudaine dans un pays au climat, à l'altitude et à l'ensoleillement différent du nôtre est une cause non négligeable de fatigue physique. Ces contrastes, jumelés au stress du départ et à la fatigue d'un long vol prédisposent l'organisme aux maladies. Il est donc sage de planifier une ou deux journées de repos en début de voyage afin de pouvoir récupérer.

La chaleur, surtout humide, peut être une source d'inconfort majeure. Les mécanismes physiologiques d'adaptation à la chaleur tels que l'ajustement des taux de sel dans la sueur prennent environ un mois à se mettre en place. Durant cette période initiale, il est conseillé de doubler la quantité de sel dans les aliments et si possible de consommer des aliments riches en électrolytes, comme la banane. L'on doit aussi boire beaucoup même si l'on ne ressent pas la soif. Une règle utile, en pays chaud ou en haute altitude, est de boire suffisamment pour que l'urine demeure presque sans couleur.

Pour ce qui est du soleil, son effet à court terme sur les peaux nordiques est assez connu et douloureux pour qu'il soit inutile d'ajouter quoi que ce soit. Par contre, les effets à long terme des rayons ultraviolets émis par le soleil méritent une attention particulière. D'autant plus que le soleil est beaucoup plus fort sous les tropiques et en altitude que chez nous. Le soleil émet deux types de rayons ultraviolets (UV) : les UVA et les UVB. Les rayons UVB sont responsables du bronzage, mais aussi des brûlures et du développement du cancer de la peau. Ils sont absorbés par le verre. C'est à ces rayons que fait référence le facteur de protection solaire (FPS) indiqué sur l'étiquette des bouteilles de crème solaire. Un FPS de 15 signifie qu'une exposition au soleil peut être 15 fois plus longue que sans protection (ce facteur est mesuré avec une application de 2 mg de crème par cm^2 de peau, ce qui signifie qu'il faut utiliser près du quart d'une bouteille de format moyen pour protéger adéquatement l'ensemble du corps !). Les rayons UVA sont moins impliqués dans le bronzage que les UVB mais ils pénètrent profondément dans le derme et sont particulièrement impliqués dans le vieillissement prématuré de la peau. Ce sont aussi ces rayons qui sont responsables des réactions au soleil associées à un grand nombre de médicaments. Ils ne sont pas absorbés par le verre. Un des seuls produits en marché qui filtrent efficacement les UVA est le PARSOL 1789, un composé chimique ajouté aux lotions solaires conventionnelles. Une lotion solaire qui afficherait un FPS de 30 et qui contient du PARSOL 1789 (minimum 2 %) filtrerait donc efficacement les UVA et les UVB. Mieux vaut faire ses réserves avant de partir, particulièrement pour les lotions à FPS élevées qui sont souvent introuvables à l'étranger.

Malgré toute la haute technologie dont les lotions solaires profitent, se couvrir la peau reste tout de même la façon la plus efficace de se protéger du soleil. Un chapeau, une chemise légère, ample et bien aérée plus une bonne paire de lunettes de soleil vous éviteront la plupart des désagréments causés par le soleil.

Le saviez-vous ? Les rayons UV augmentent de 4 % à tous les 300 m d'altitude ?
Que le sable peut refléter jusqu'à 25 % des rayons UV ; la neige, jusqu'à 80 % et que 50 % des rayons UV sont émis entre 11h et 13h ?

Tiré de : *L'odyssée santé, Bulletin de l'Association pour la santé des voyageurs du Québec,* volume 1, nos 3 et 4.

Marcher pieds nus ou s'étendre directement sur le sol peut favoriser la pénétration dans la peau de certains parasites, présents dans les sols contaminés. Le port de sandales ou de souliers éliminent cette possibilité.

L'eau douce des lacs et rivières est à éviter totalement en pays tropical. En se baignant en eau douce, il y a de forts risques de contracter la bilharziose, une maladie tropicale transmise par les excréments d'un petit crustacé. C'est une maladie sérieuse, difficile à diagnostiquer, qui affecte les systèmes digestif ou urinaire. Même les flaques de boue et particulièrement les étangs d'eau croupie peuvent contenir des parasites transmissibles à l'homme. Évidemment, cette règle ne s'applique pas aux bains de mer.

L'EAU

L'eau ne doit jamais être considérée d'emblée comme potable, même dans les grandes villes ou dans les hôtels de luxe. En général, cette carence est admise dans la plupart des pays tropicaux et conséquemment, l'eau en bouteille est offerte pratiquement partout à prix raisonnable. L'on doit tout de même se méfier des restaurants ou hôtels qui fournissent l'eau en bouteille et bien vérifier que la bouteille offerte soit encore scellée ou bien décapsulée devant soi. La congélation ne purifie pas l'eau et les glaçons sont tout aussi dangereux que l'eau elle-même. Si l'eau en bouteille n'est pas disponible, ce qui est tout de même assez rare, il existe plusieurs moyens plus ou moins pratiques de purifier l'eau. Le traitement le plus sûr pour rendre une eau biologiquement pure est de l'amener à ébullition. La désinfection par ébullition n'introduit aucun produit chimique dans l'eau et présente une grande marge de sécurité, même en altitude. Ce traitement peut se faire en randonnée avec un réchaud de camping ou à l'hôtel avec un élément chauffant à immersion. Ces petits éléments sont très efficaces et sont en vente dans les boutiques spécialisées dans le matériel de voyage. Ils servent à faire bouillir l'eau, tasse par tasse, en quelques minutes. Il existe aussi plusieurs moyens de purification chimique. Les plus communs sont à base de chlore (eau de javel, halazone[md]) ou d'iode sous forme de gouttes, de cristaux et de comprimés (Coghlan's[md]), ajoutés directement à l'eau de consommation. L'efficacité et la vitesse d'action (minimum 30 minutes) de ces procédés chimiques sont dépendantes de plusieurs facteurs physiques tels que la température de l'eau à traiter, sa concentration en micro-organismes et la quantité de matières en suspension pour n'en nommer que quelques-uns. L'usage à long terme de ces produits peut être dommageable pour la santé de l'utilisateur. Par contre, garder une minuscule bouteille de comprimés de purification dans ses bagages permet de se dépanner de belle façon au cas où l'eau embouteillée viendrait à manquer. Pour masquer le goût désagréable que ces produits donnent à l'eau, on peut y ajouter des cristaux de saveur. Et quelle belle couleur !...

Il existe sur le marché plusieurs filtres à eau portatifs conçus pour le voyage ou le camping. Ces filtres ou systèmes de purification d'eau opèrent généralement sur un ou une combinaison des principes suivants : la filtration mécanique, l'adsorption et l'action chimique. L'action chimique est la même que précédemment décrite excepté que la substance active est ajoutée à l'eau lors de son passage à travers une membrane imbibée du produit actif, de cristaux d'iode ou de cartouches remplaçables. L'inconvénient majeur en plus de l'inconstance de l'action chimique est le taux de concentration variable du produit actif dans l'eau à traiter selon l'avancement de la vie du filtre ou de la cartouche. Autrement dit, son efficacité décroît avec l'usage.

L'adsorption est la capacité de certains solides à fixer à leur surface des substances en solution ou en suspension. Ce principe est surtout utile pour débarrasser l'eau de polluants chimiques tels que les métaux lourds et aussi pour lui donner un goût neutre. Le principal ingrédient utilisé dans les filtres opérant sur ce principe est le charbon actif, sous forme de cartouches ou de granules.

L'efficacité du charbon actif diminue avec la fermeture de ses pores naturelles, fermeture qui dépend de la quantité et de la qualité de l'eau traitée. Elles doivent donc être renouvelées régulièrement, tout comme les cartouches chimiques.

La filtration mécanique est le principe par lequel une eau est débarrassée de ses impuretés par son passage à travers un écran poreux (fin grillage, céramique) dont les ouvertures sont plus petites que les particules dont on cherche à se débarrasser. Le principe est simple et d'efficacité constante si la conception mécanique du système est bonne (les filtres haut de gamme peuvent être inspectés, nettoyés et possèdent un revêtement ou une imprégnation prévenant la colonisation bactérienne). Ce principe sert souvent de stage primaire à bon nombre de systèmes de purification afin de débarrasser l'eau de ses matières en suspension avant un traitement chimique ou un filtrage plus fin. La maille de filtration la plus fine sur le marché en ce moment est d'environ 0,2 micron. Ils ne sont donc utiles que pour éliminer les micro-organismes relativement gros (bactéries et parasites) et en principe n'éliminent pas les virus. En pratique cependant, la plupart des virus présents dans l'eau ne le sont pas à l'état libre mais plutôt attachés ou absorbés à la surface de micro-organismes plus volumineux. Le filtre élimine donc une bonne partie des virus mais n'est pas sûr à 100 %. Les plus prudents traiteront donc leur eau chimiquement après filtration. Le traitement chimique après filtration agit plus rapidement et est plus sûr étant donné que les organismes les plus résistants au traitement chimique (notamment les kystes de *giardia* et les amibes) sont extraits lors de la filtration mécanique. Évidemment, plus les pores du filtre sont petites, plus grande est la quantité de micro-organismes filtrés. Les filtres mécaniques de bonne qualité (et ils se doivent de l'être, surtout si l'on s'en sert comme seul traitement) sont coûteux : de l'ordre de quelques centaines de dollars.

Le choix d'un système de purification de l'eau dépend de plusieurs facteurs, notamment du style de voyage prévu, des moyens financiers de l'utilisateur, de son aversion ou non pour les produits chimiques et de la marge de protection désirée. En règle générale, si le voyageur prévoit ne pas trop s'éloigner de la civilisation, l'eau embouteillée sera facilement disponible et il peut apporter avec lui des comprimés de désinfection chimiques ou un élément chauffant pour usage occasionnel. Il est à noter que le coût d'un litre d'eau embouteillée varie de 0,50 $ à 1,20 $ dépendant du niveau de vie du pays dans lequel il est vendu. Si l'on prévoit faire de la grande randonnée ou de voyager à la campagne, en forêt ou en terrain difficile d'accès pour des périodes relativement longues, un filtre mécanique de bonne qualité devient un investissement rentable.

LA NOURRITURE

Avec les boissons, la nourriture est la principale source d'infection intestinale chez les voyageurs. Elles sont aussi la source de maladies diverses telles que la typhoïde, la poliomyélite, l'hépatite virale A et différentes infections parasitaires. Pour pouvoir expérimenter la gastronomie locale en toute sécurité, le voyageur se doit de s'astreindre à quelques règles d'autodiscipline simples. La principale précaution personnelle à prendre est de considérer que tout aliment cru, à l'exception des fruits et légumes pelés par soi-même, risque d'être contaminé. Cette règle est bien illustrée par un adage tiré de Platon : cuis-le, pèle-le ou oublie-le (cook-it, peel-it or forget-it). Même cuits, il faut se méfier des aliments laissés à température ambiante pour plus de quelques heures ou qui peuvent être en contact avec des mouches ou autres insectes. Si le lait n'est pas pasteurisé, il doit être bouilli avant consommation et les crèmes glacées doivent aussi être considérées comme dangereuses. Par contre, la bière, le vin, le café et le thé chaud sont sans danger. Les jus de fruits doivent être consommés sans glace et sans qu'il n'y ait d'eau ajoutée. Les fruits et légumes devraient être pelés non seulement à cause du risque d'infection, mais aussi à cause de l'emploi fréquent d'insecticides chimiques puissants. La salade est à proscrire en tout temps.

En dehors des dangers d'infection, les plats locaux sont souvent fortement épicés et l'huile est un constituant important de plusieurs plats. La gastronomie locale est toujours un des plaisirs du voyage mais son expérimentation doit se faire graduellement.

On entend souvent dire que l'on devrait éviter la nourriture vendue dans la multitude de stands et cuisinettes improvisées que l'on trouve partout dans les rues. Ce sont pourtant les seuls endroits où l'on peut surveiller de près la préparation complète de ses repas. J'ai beaucoup plus confiance en un taco préparé devant moi dans un stand de rue que dans les cuisines impénétrables et pas forcément plus propres d'un restaurant plus chic ; sans parler de l'ambiance.

Sur 100 000 voyageurs en zone tropicale, environ 35 % ont été affectés par la diarrhée du voyageur, 8 % ont consulté un médecin à l'étranger ou de retour chez soi, 0,2 % ont contracté l'hépatite A et 0,0035 % ont contracté la typhoïde.

Tiré de : R. STEFFEN, *Proceedings of the Conference on International Travel Medicine*, Zurich, 1988. Berlin (Ouest), Springer-Verlag, 1988.

DIARRHÉE

La diarrhée, source d'un folklore pour le moins imagé, est de loin le malaise le plus commun à affecter le voyageur. Elle est habituellement définie comme étant le passage d'au moins trois selles liquides en vingt-quatre heures. Elle peut indépendamment être causée par des bactéries, des virus ou des parasites transmis par l'intermédiaire d'eau ou d'aliments contaminés.

L'intestin en santé et pétant de vie contient une riche flore bactérienne essentielle à son bon fonctionnement. Lorsqu'un micro-organisme infectieux y est introduit, les parois de l'intestin réagissent en sécrétant un liquide riche en eau et en électrolytes qui a pour fonction de littéralement rincer l'envahisseur hors de l'organisme. La diarrhée est donc une réaction de défense naturelle et efficace. Si le micro-organisme infectieux est puissant ou particulièrement dangereux, le corps humain mettra en branle des mécanismes d'évacuation supplémentaires tels que des vomissements et des crampes abdominales. La durée des malaises est brève (tout est relatif) : généralement de trois à cinq jours mais 20 % des cas durent moins de 24 heures. Le traitement le plus efficace est de laisser la nature suivre son cours et de bien se réhydrater durant ce temps. La diarrhée étant grande consommatrice d'eau et d'électrolytes, le voyageur atteint se doit de les remplacer rapidement sous peine d'aggravation de son état de santé. Il existe sur le marché des solutions de réhydratation commerciales très efficaces, mais il est aisé de s'en fabriquer une sur place en ajoutant à un litre d'eau (pure), 8 c. à thé rases de sucre et 1 c. à thé rase de sel. Par expérience, ces solutions sont pratiquement imbuvables (particulièrement si la diarrhée s'accompagne de nausées). Un substitut efficace, très utile pour les enfants et disponible partout, est d'ajouter quelques pincées de sel à une boisson gazeuse incolore (Sprite[md], 7Up[md] ou l'équivalent) dégazéifiée et à température de la pièce. L'ingestion de liquide doit être suffisante pour que la production d'urine soit régulière et incolore.

Il est préférable de s'abstenir de manger pour les premières vingt-quatre heures et de recommencer très graduellement après la disparition des symptômes en choisissant des aliments riches en glucides et féculents (pâtes alimentaires natures, riz blanc, etc.), des soupes claires ou des biscuits secs. Il faut éviter les produits laitiers, les aliments gras, les fibres et les aliments contenant des irritants comme la caféine ou les épices fortes.

Si on ne note aucune amélioration de l'état après 48 heures et si la diarrhée est d'intensité importante (plus de 8 selles par 24 heures) ou accompagnée de fièvre ou de sang ou mucus dans les selles ; un antibiotique à large spectre (ex : Ciproflaxine) peut être utilisé. Il serait indiqué d'en discuter avec le médecin de la clinique voyage, avant votre départ.

Les antidiarrhéiques tel que l'Imodium^md (ingrédients actifs : lopéramide et kaolinite) peuvent ralentir efficacement la fréquence des selles. Ils ne sont pas recommandés pour les cas de diarrhées compliquées car ils retardent l'expulsion naturelle des agents infectieux. La principale utilité de l'Imodium^md devient évidente lors de longs trajets en autobus (qui sont rarement dotés de toilettes), d'autant plus que son action est très rapide et d'une efficacité redoutable. Redoutable, parce que ce produit peut causer une constipation aiguë. À utiliser le moins possible et ne jamais dépasser la posologie indiquée !

Si après toutes ces démarches les symptômes ne disparaissent pas, il faut consulter un médecin. Mieux vaut préparer d'avance ses réponses aux questions habituelles : nombre de selles par jour, y a-t-il présence de sang ou de mucus dans les selles, quels médicaments ont été employés s'il y a lieu, etc. Dans plusieurs cas, on vous demandera de faire faire un examen microscopique des selles et de déterminer l'identité du micro-organisme infectieux en cause et de prescrire le médicament le plus approprié. Il faut donc prévoir de deux à trois jours d'arrêt à son horaire quand ce cas se présente. Profitez-en pour choisir un hôtel un peu plus luxueux que d'habitude (et surtout une chambre avec toilette privée !), et se taper un bon roman !

LES BESTIOLES

Les serpents

Des 3 500 espèces de serpents du règne animal, seulement 350 d'entre elles sont venimeuses et sur ce nombre, seules quelques-unes peuvent causer une mort rapide. Bien que ces reptiles soient craints par la majorité des gens, les rencontres sont rares et le plus souvent sans conséquences. La plupart sont nocturnes, de tempérament craintif et préfèrent éviter l'homme, mais quelques rares espèces peuvent être plus agressives et attaquer si elles sont surprises. Sur place, l'information sur les espèces dangereuses est limitée puisque très souvent, la population locale considère tous les serpents comme dangereux et s'empresse de les détruire à vue. Si le voyageur s'attend à fréquenter la jungle ou la brousse et que la région est connue comme étant fréquentée par des serpents, il peut limiter les rencontres en suivant ces quelques conseils : ne jamais mettre le pied ou la main sous des pierres, dans des crevasses, des trous ou des amas de débris sans avoir vérifié avant qu'ils ne cachent pas de locataires indésirables ; toujours porter des bottes ou des chaussures montantes solides ; toujours porter des pantalons ; essayer de camper dans des endroits libres de broussailles ou de débris et toujours se déplacer la nuit avec une lampe de poche. Hors sentier, dans les hautes herbes et les endroits encombrés où on ne voit pas toujours où on met les pieds, annoncer sa présence en marchant plus lentement et plus lourdement. En cas de rencontre, reculez lentement et sans gestes brusques. En cas de morsure (cet événement demeure tout de même très rare !), essayer de se rappeler l'aspect du serpent (couleur, longueur, traits distinctifs), de rester calme (car l'agitation accélère la diffusion du venin) et se diriger rapidement (mais sans courir) vers un centre de traitement (clinique, hôpital, etc.). Un garrot souple peut être installé un peu au-dessus de la morsure, entre le cœur et la plaie. Ce garrot sert uniquement à ralentir le flot lymphatique et ne doit **pas** arrêter la circulation sanguine. Il ne faut jamais inciser ou cautériser la plaie. À part quelques rares espèces au venin particulièrement puissant, on dispose généralement de huit à douze heures avant l'apparition de complications sérieuses. La douleur près de la morsure peut être intense mais le patient a intérêt à rester calme.

À moins d'exercer le métier de chasseur de reptiles ou d'être charmeur de serpents professionnel, il ne sert pas à grand chose de même songer à se munir d'antivenin. Premièrement, ils sont très coûteux, deuxièmement, il n'existe pas d'antivenin « universel » (d'où l'importance de se rappeler l'aspect du serpent qui cause une morsure) et troisièmement, la plupart sont des vaccins vivants qui doivent être conservés au frais (entre 2 et 8 °C). Aux poubelles donc, le cliché de l'explorateur de la jungle qui s'injecte lui-même son antivenin ou celui du cow-boy qui s'entaille joyeusement la chair.

Les scorpions

Les scorpions sont des arachnides, soit des membres de la même famille que les araignées. Il en existe 650 espèces dans le monde dont une cinquantaine peuvent être dangereuses pour l'homme. Les scorpions sont généralement nocturnes et relativement lents. La plupart des piqûres sont dues au fait qu'ils affectionnent les endroits sombres et humides : sous les pierres, les fissures rocheuses, les vieilles souches... et les bottes de randonnée laissées à l'entrée de la tente ! Les scorpions ont un dard situé sur l'extrémité de la queue qu'ils dressent en cas d'agression. Les précautions à prendre pour éviter les piqûres sont sensiblement les mêmes que pour les serpents et les procédures en cas d'envenimation sont aussi similaires. Généralement, les espèces les plus grosses, bien qu'impressionnantes, sont celles qui ont le venin le moins dangereux.

Les araignées

Seulement trois espèces connues peuvent être dangereuses pour l'homme. Les célèbres mygales, énormes, poilues et popularisées par les films de Tarzan (à propos, cette araignée est absente du continent africain !) ; la veuve noire et l'araignée-violon qui porte un dessin sombre sur le thorax qui ressemble à cet instrument. Encore une fois, les précautions à prendre pour la prévention des piqûres et les procédures en cas d'envenimation sont sensiblement les mêmes que pour le cas des serpents et des scorpions. Tout comme pour les scorpions, il est prudent de secouer ses vêtements et chaussures avant de les enfiler.

Les blattes (coquerelles)

Les rencontres avec ces méga-insectes sont presque inévitables à un moment ou un autre d'un voyage sous les tropiques. Sous les climats chauds et humides, les blattes deviennent énormes, se déplacent à des vitesses effarantes et peuvent aussi bien se trouver dans les chambres d'hôtels cossus que celles d'hôtels de bas de gamme. Mais mis à part leur aspect rébarbatif, elles sont inoffensives. La plupart des hôtels pulvérisent régulièrement des insecticides permettant d'éliminer la plupart des blattes, mais il arrive tout de même de rencontrer quelques survivantes. Dans ce cas, on peut en informer la réception de l'hôtel qui se chargera rapidement de faire vaporiser la chambre (il est préférable de ne pas être dans la pièce à ce moment !). On doit aussi éviter de laisser traîner de la nourriture ou des boissons dans la chambre. En altitude, sous des climats plus frais, ces rencontres sont beaucoup moins fréquentes.

LES MALADIES TRANSMISSIBLES SEXUELLEMENT
ET LE SIDA

Nul besoin de répéter tout ce qui se dit ces derniers temps sur les maladies transmissibles sexuellement et le SIDA. Par contre, il peut être utile d'examiner quelques points particuliers aux voyages.

Il faut garder à l'esprit que les taux d'incidence des MTS dans les pays en voie de développement sont sans commune mesure avec ceux auxquels nous sommes habitués. Alors que pour la plupart des MTS communes (gonorrhée, chlamydia, hépatite B) les taux d'incidence annuels varient au Québec de quelques cas à quelques centaines de cas par 100 000 personnes, le peu de statistiques fiables disponibles pour les pays en voie de développement montrent des taux d'incidence de plusieurs **centaines** de fois plus élevées. Pour ce qui est du SIDA, ces écarts sont encore plus grands. En fait, dans certains pays africains, les taux de porteurs du VIH dans la population générale s'expriment en plusieurs points de pourcentage.

Évidemment, l'abstinence en voyage demeure le meilleur moyen de prévenir les MTS et le SIDA. Facile à dire. La sensualité des tropiques, l'ambiance relaxe, le soleil et l'alcool laissent peu de gens indifférents. La difficulté est d'autant plus grande pour le voyageur ou la voyageuse qui en est à ses premières armes, qui voyage seul et pour une longue période. Il se trouve tout à coup dans un milieu nouveau où il n'est connu de personne et où il n'a aucun compte à rendre. Sa présence passe rarement inaperçue, produit un intérêt marqué et déclenche souvent des convoitises (généralement intéressées) aussi inattendues que directes. Bref, dépendant des pays visités, les occasions ne manquent pas et il est tentant d'en profiter.

Le risque est pourtant très sérieux. Prendre une chance, ici, d'avoir une relation occasionnelle non protégée est un choix discutable. À l'étranger : c'est tout à fait hors de question. En parlant de protection, il est préférable de faire ses achats de condoms avant le départ. En Amérique du Nord, les contrôles de qualité sont parmi les plus stricts du monde et les conditions de stockage contrôlées, ce qui n'est souvent pas le cas à l'étranger. Si un achat à l'étranger s'impose, choisir une marque connue (Ramsès[md], Trojan[md], etc.), bien vérifier la date d'expiration et choisir une pharmacie climatisée où les conditions de stockage ont des chances d'être meilleures.

Tout contact avec du sang ou des aiguilles doit évidement être évité à tout prix. Si pour une raison quelconque, un médecin vous prescrit une médication par injection, demandez-lui si elle existe sous un format oral (ce qui est probable) ou fournissez-lui une des seringues de votre trousse de premiers soins. En cas d'accident (routier par exemple), un patient capable de fuir l'hôpital (même en rampant !) s'en trouvera sûrement mieux que s'il y subit une transfusion sanguine. Et dans les cas graves, il est sage de penser rapidement à un rapatriement.

L'AUTO-MÉDICATION

L'auto-médication ne devrait être pratiquée qu'en des conditions très particulières où aucun médecin compétent n'est disponible ou lors de problèmes bénins. Ces affections bénignes doivent être facilement identifiables et ne pas réclamer l'utilisation de médicaments dangereux ou pouvant présenter des complications. Dans ces circonstances, il peut être très utile de connaître le nom des ingrédients actifs des médicaments les plus susceptibles d'être utilisés en voyage.

Les médicaments sont connus sous trois noms. La dénomination chimique, qui est une description technique usuelle seulement dans les milieux de recherche et médicaux ; le nom commun (ou propre) qui est le nom officiel de l'ingrédient actif de base ; et le nom déposé, qui est son nom commercial usuel. En général, c'est le nom déposé (ex : Aspirin[md], Tylenol[md], etc.) qui est le plus visible sur l'emballage et le plus connu du consommateur. Le nom du ou des ingrédients actifs (acide acétylsalicylique pour l'Aspirin[md], acétaminophène pour le Tylenol[md]) se trouve plutôt en retrait, sous la liste des ingrédients.

Une substance ou un mélange de substances actives peut être vendu sous différents noms commerciaux dépendant de la compagnie qui le met en marché. Ces compagnies sont différentes d'un pays à l'autre et donc, les noms commerciaux aussi. Il est par exemple inutile de se présenter à la pharmacie d'un village mexicain et de demander de l'Aspirin[md]. Par contre, si on connaît le nom du produit actif : l'acide acétylsalicylique (ces noms varient peu quelle que soit la langue), il devient très facile à trouver. Au pis aller, le pharmacien aura droit à un spectacle de mime de vos symptômes qui ne manquera pas de captiver les clients réguliers, et à la conclusion duquel il vous apportera tout ce qu'il a en stock pour vous soulager. Il ne reste plus qu'à parcourir les étiquettes pour trouver la substance active recherchée et tant qu'à y être, jetez un coup d'œil à la date d'expiration et examinez soigneusement le produit. Des gélules déformées sous la chaleur, des comprimés qui déteignent, qui montrent une surface bosselée, irrégulière ou qui sont d'origine inconnue sont tous hautement suspects. Les durées et les conditions de stockage sont souvent peu contrôlées et les imitations d'origine indéterminée ne sont pas rares.

LA TROUSSE DE PREMIERS SOINS

Ci-dessous, une liste du matériel de base et quelques suggestions de médicaments qu'une bonne trousse de premiers soins adaptée aux voyages devrait inclure. Il y a évidemment lieu d'y ajouter tous les médicaments employés de façon habituelle avant le départ. Les marques de commerce (noms déposés) sont suivis des lettres ^{md} et ne sont que des suggestions de marques disponibles. Les quantités de matériel et de chaque médicament dépendent de la longueur du séjour à l'étranger, des conditions de voyage et de si la trousse servira à plus d'un utilisateur. Le tout en gardant à l'esprit que la trousse doit être la plus compacte et légère possible.

MATÉRIEL DE BASE

- Bandages adhésifs (Band-aid^{md}, Elastoplast^{md}). En choisir de plusieurs formats et de préférence en tissus (qui respirent et adhèrent mieux en climat tropical).

- Compresses stériles

- Bandages élastiques.
  Pour faire différents types de pansement.

- Diachylons

- Teinture d'iode ou tampons de chlorure de benzalconium.
  Pour nettoyer et désinfecter les plaies.

- Cotons tiges (Q-Tips^md).
  Pour nettoyer les plaies et usage multiple.

- Une paire de pinces à cils.
  Pour extirper les échardes et usage multiple.

- Une paire de ciseaux pliants.
  Usage multiple.

- Épingles de sûreté.
  Usage multiple.

- Condoms.
  Usage simple.

- Désinfectant pour l'eau
  (AquaPur^md, Coghlan's^md).
  En cas de non-disponibilité d'eau embouteillée ou de bris de filtre.

- Moleskine^md.
  Le moleskine^md est la providence des randonneurs. Il s'agit d'un tissu coussiné autocollant à appliquer sur le pied pour éviter les ampoules. Très efficace s'il est appliqué dès les premiers signes de la formation de l'ampoule.

- Seringues et aiguilles jetables.
  À fournir au docteur ou au dentiste en cas d'injection. Prévention du VIH.

MÉDICAMENTS

- Acétaminophène ou ibuprofène
  (Tylenol^md, Advil^md).
  Analgésique. Contre les maux de tête et la douleur faible ou modérée.

- Dimenhydrinate (Gravol^md).
  Anti-émétique. Contre les vomissements et la nausée qui peuvent être causés par le mal des transports, le mal de l'altitude ou des infections intestinales.

- Lomotil (Imodium^md).
  Antipéristaltique. Ralentit la fréquence des selles liquides.

- Crème antibiotique
  (Baciguent^md, Polysporin^md).
  Antibiotique topique. Pour empêcher l'infection d'éraflures, petites plaies, piqûres d'insectes et autres.

Si l'utilisateur a des antécédents d'allergies, il peut ajouter :

- Antihistaminique (Bénadryl^{md}, Drixoral^{md}, ou celui employé habituellement). Soulage les symptômes associés aux allergies.

- Décongestionnant (Actifed^{md}, Otrivin^{md}, etc.). Soulage la congestion des sinus.

- Corticostéroïde topique (Cortate^{md}, Emo-Cort^{md}). Soulage les irritations locales de la peau.

Si l'utilisateur prévoit visiter des lieux très secs (déserts) ou en haute altitude :

- Crème hydratante (Keri^{md}, Jergen's^{md}). Aide à prévenir le dessèchement de la peau.

- Gouttes oculaires (Murine^{md}, Clear Eyes^{md}). Aide à soulager les yeux irrités par l'air sec, la poussière et les éblouissements.

- Baume pour les lèvres (Blistex^{md}, Lipsyl^{md}). Empêche le fendillement des lèvres. Choisir un baume avec écran UV pour skieurs ou autre usage intensif.

Si l'utilisateur prévoit sortir des sentiers battus ou faire de la randonnée :

- Antibiotique à large spectre
  (Ciproflaxine, Cipro[md]).
  Antibiotique spécialement efficace contre une large gamme d'infections intestinales.

- Codéine avec acétaminophène
  (Emtec[md], Empracet[md], Tylenol #3[md]).
  Contre les douleurs fortes occasionnées par une blessure, une rage de dents, etc.

- Anti-inflammatoire (Naprosyn[md], Voltaren[md]).
  Contre les douleurs musculo-squelettiques, douleurs articulaires.

- Moleskine[md].
  Une feuille supplémentaire.

- Solution de réhydratation orale
  (Gastrolyte[md], Pédialyte[md]).
  Un ou deux sachets.

Les compresses stériles, bandages élastiques, diachylons, désinfectants pour plaies, etc. sont des standards de pratiquement toutes les trousses de premiers soins sur le marché. On peut donc se procurer une petite trousse de base à prix très raisonnable, puis l'adapter pour le voyage en y faisant quelques modifications et ajouts. Il est préférable de conserver ses constituants dans un étui rigide, résistant aux chocs et à l'eau afin de contrer la tendance aux flacons de comprimés à se briser sous les chocs, aux crèmes de se répandre sous la pression et à l'humidité de s'infiltrer partout. Un récipient de plastique style Tupperware^{md} fait très bien l'affaire et permet de choisir le volume exact requis pour garder sa trousse la plus compacte possible. Ne jamais mettre plus d'un type de comprimé dans le même flacon pour sauver du volume, même si ces comprimés sont d'apparence différente. En plus du danger de confondre les comprimés à la longue, les douaniers peuvent voir cette façon d'agir comme étant très louche. Mieux vaut éviter de les exciter. Si un flacon de comprimés n'est pas plein, la partie vide doit être bien remplie de coton hydrophile ou de papier mouchoir afin d'immobiliser les comprimés. Sinon, on se retrouve au bout d'un mois ou deux avec des comprimés à demi pulvérisés par le frottement et les vibrations. L'étiquette qui accompagne les médicaments sous prescription devrait être conservée avec le médicament. En plus de pouvoir prouver aux douaniers tatillons que ce médicament est bien disponible sur ordonnance, la date indiquée permet de faire un suivi de sa trousse d'un voyage à l'autre et de renouveler les produits ayant dépassés leur date d'expiration. Certains médicaments énumérés dans la liste ci-haut ne sont disponibles que sur ordonnance, en particulier les antibiotiques, les anti-douleur puissants et tous les médicaments contre la malaria. Dans le cas où ces médicaments sont requis, il est préférable de choisir une clinique voyage comptant un médecin apte à les prescrire (en effet, plusieurs cliniques voyage ne comptent que des infirmières spécialisées tandis que d'autres comptent en plus un médecin). Ces cliniques vous éviteront de devoir prendre un rendez-vous supplémentaire pour obtenir les prescriptions requises, ces dernières étant rédigées immédiatement.

Quelques seringues et aiguilles jetables (la clinique voyage vous renseignera sur les formats les plus utiles) peuvent vous sauver la vie en cas de coup dur. La clinique voyage pourra aussi vous fournir sur demande un certificat stipulant que les médicaments et les seringues transportés le sont dans un but sérieux. Demandez à l'infirmier ou l'infirmière d'y apposer quelques tampons officiels et officieux (ils ont l'habitude). Ces tampons donnent un air officiel au document, ce qui est préférable... Le certificat sera conservé à l'intérieur de la trousse.

Le voyageur qui sort des sentiers battus et qui s'adonne à des activités qui le portent loin des ressources médicales (randonnée pédestre, alpinisme, etc.) devrait songer à suivre un cours de premiers soins. Un simple cours de RCR (réanimation cardio-respiratoire) n'est pas suffisant et le choix devrait plutôt se porter soit sur un cours de secourisme général, soit sur un cours de secourisme en milieu forestier ou de plein air.

Enfin, si le voyageur doit prendre des médicaments pour un malaise particulier sur place, il est très utile de noter lesquels ont été pris, la dose utilisée et le nombre de jours d'utilisation. Lors d'une consultation au retour, cette question vous sera sûrement posée et les notes prises durant le voyage peuvent vous éviter de reprendre une médication déjà utilisée ou inefficace.

APRÈS LE VOYAGE

Au retour, le voyageur doit continuer à prendre régulièrement ses comprimés de prévention de la malaria pour une période de quatre semaines ou selon les indications de sa prescription.

Au cours du voyage, si aucun malaise particulier n'a affecté le voyageur et si ce dernier est en bonne santé au moment du retour, un examen médical n'est pas nécessaire. Par contre, si lors du retour le voyageur fait de la fièvre, a une diarrhée anormale ou une faiblesse générale importante ; il doit rapidement prendre contact avec son médecin pour un examen complet. Un voyageur ayant eu des relations sexuelles non protégées ou un comportement à risque à l'étranger devrait en parler à son médecin et discuter de la pertinence d'un test de dépistage. Il ne faut surtout pas hésiter à dévoiler ses souvenirs de voyage !

Dans quelques rares cas, des maladies tropicales (par exemple, certains types de malaria) peuvent affecter un voyageur plusieurs mois après son retour. Bien que ces cas soient exceptionnels, il est indispensable de faire mention de ses voyages au médecin dans le cas par exemple d'une consultation pour une fièvre inexpliquée, même plusieurs mois après le retour.

Village de Los Nevados, Venezuela.

Village de Katti, sentier du glacier Pindari, Inde.

L'ARGENT

Pas besoin d'être riche pour pouvoir partir. Il suffit d'avoir le goût d'aller voir ailleurs et d'en faire sa priorité. Une règle, cependant : toujours apporter deux fois plus d'argent que l'on pense… et deux fois moins de vêtements.

COMBIEN APPORTER

LES SOURCES DE RENSEIGNEMENTS

Une des questions essentielles que l'on se pose avant de partir en voyage est bien de savoir combien il en coûtera. La meilleure source de renseignements à ce sujet est bien sûr quelqu'un qui revient tout juste du pays à visiter. On peut alors lui demander combien coûtent les transports, l'hôtel et les repas. À partir de là, il est relativement facile de planifier un budget. Et de ne pas le respecter ! En effet, en budgétant trop serré, les imprévus du voyage deviendront vite des facteurs augmentant le stress. Alors, grattez les fonds de tiroir ! Les imprévus font souvent partis du voyage, par exemple les visites chez le médecin ou le pharmacien, l'instabilité de beaucoup de monnaie des pays en voie de développement ou le petit luxe qu'on aura le goût de se payer pour faire un bout du voyage plus rapidement ou pour ne pas manquer un endroit absolument incroyable dont l'accès coûte relativement cher.

Une autre façon de planifier un budget est de consulter des guides de voyage. Ils donnent des renseignements sur le coût de certains services comme l'hébergement et les transports. Souvent, les hôtels sont classés selon des tranches de coût, genre entre 5 $ et 10 $, entre 10 $ et 20 $, etc. Les coûts de transport sont aussi énumérés, surtout pour les longues distances. Certains guides proposent même le budget à prévoir selon que l'on soit voyageur à petit ou à moyen budget, mais il y a toujours un avertissement qui indique que les prix peuvent changer sans préavis vu l'instabilité monétaire de certains pays. Quant au taux de change de la monnaie, cette information ne sert à rien si on n'a pas de point de repère. En effet, même si on sait qu'on aura 300 pesos pour un dollar, rien ne dit que la bière ne coûtera pas 1 000 pesos.

En 1996, le taux d'inflation du Costa Rica était de 22,6 %. L'année suivante, il n'était que de 13,8 % seulement. En 1994, en moyenne, le taux de change du peso mexicain en dollar canadien était de 0,4070. L'année suivante il n'était plus que de 0,2163 dû à la crise économique mexicaine. Le moindre déphasage entre le taux d'inflation et le taux de change (et

> *c'est très fréquent) change le pouvoir d'achat*
> *du voyageur de façon drastique d'une année à*
> *l'autre !*
>
> Tiré de : *L'état du monde : annuaire écono-*
> *mique et géopolitique mondial,* La
> Découverte/Boréal.

QUOI APPORTER

LES CHÈQUES DE VOYAGE

Pourquoi les chèques de voyage ? Parce qu'ils sont remplaçables en cas de perte ou de vol, ce qui n'est pas le cas avec l'argent comptant, parce qu'ils ne sont pas dépendants des systèmes de communication comme les cartes de guichet et de crédit et qu'ils sont plus connus et demandent moins de paperasse que les télex et les traites.

Priorité, donc, aux chèques de voyage. En dollar américain, bien entendu. Les gens aiment le « vrai » argent ! Malgré tout, on peut, et c'est même fortement conseillé, apporter un peu d'argent comptant pour dépanner (un peu signifiant environ 200 $). C'est amplement suffisant pour subvenir aux imprévus, c'est-à-dire à ces jours où on a oublié de changer des chèques ou qu'un congé national arrive quand on l'avait totalement oublié. Dans ce cas, les billets de l'Oncle Sam seront rarement refusés au comptoir de l'hôtel mais le taux de change sera généralement médiocre. Il ne faut pas compter réussir à les changer partout. Dans certains petits villages, les gens ne voient pas d'avantages à posséder de la monnaie étrangère, qu'il leur faudra changer s'ils veulent s'en servir ; vous en serez quittes pour attendre sur place l'ouverture de la banque locale. Autant alors en profiter pour participer aux célébrations de cette journée mémorable.

Les chèques de voyage les plus connus sont ceux d'American Express, de Thomas Cook et de Visa. American Express offre aussi le service de réception de courrier dans ses succursales à travers le monde.

Il coûte de l'argent pour acheter des chèques de voyage ; certaines institutions chargent 1 % de frais. Il est possible de trouver des endroits qui ne chargent pas ces frais, par exemple le CAA (si vous êtes membre) ou certaines agences de voyage ayant une entente avec une compagnie de chèques de voyage. 1 % peut ne pas paraître beaucoup, mais dans certains pays il est possible de vivre une journée avec 1 % de 1 000 $. Le voyageur économe sait profiter de toutes les occasions…

Même si on ne paie pas ce 1 % de frais lors de l'achat des chèques de voyage, on perd de toute façon de l'argent en changeant nos dollars canadiens en dollars américains. Et on en perd encore lorsqu'on les change en monnaie du pays visité. Mais pour contrebalancer ces pertes, dans la majorité des endroits visités, les chèques de voyage présentent un meilleur taux de change que l'argent comptant. Naturellement, s'il est prévu de faire un séjour d'une certaine durée en Europe ou aux États-Unis, il est avantageux de prendre des chèques de voyage en dollars canadiens pour la partie du voyage qui se passe en Europe ou aux États-Unis puisque l'argent canadien y est bien reconnu. Les pertes au change seront ainsi diminuées.

Lors de l'achat des chèques de voyage, le vendeur donne à l'acheteur un contrat d'achat sur lequel apparaissent les numéros de chèques de voyage achetés. Il est important d'apporter ce contrat dans ses bagages, en le gardant séparé des chèques. Ça diminue le risque de tout se faire voler, y compris les preuves d'achat. Avant de partir, on prendra soin de faire une liste de tous les numéros de chèques. Il est prudent d'en laisser une copie à quelqu'un au Canada ou de la donner à son compagnon ou sa compagne de voyage si l'on voyage à deux.

À chaque fois qu'un chèque de voyage est changé, il s'agit de biffer son numéro sur la liste. Il est essentiel de se discipliner à le faire car en cas de vol, il faut fournir la liste des numéros de chèques volés en plus du contrat d'achat. Les chèques sont théoriquement remplacés en vingt-quatre heures, mais seulement si tout va bien. Pour cela, il faut pouvoir contacter le bureau du représentant des chèques, ce qui signifie souvent de revenir dans la capitale du pays ; énumérer les chèques volés et ceux qu'on a changés et présenter le contrat d'achat. Si ce dernier est manquant, le représentant devra contacter l'institution vendeuse, ce qui peut prendre quelques jours si c'est la fin de semaine. Il est important de toujours savoir quels chèques ont été changés, car rapporter comme volé un chèque qui a en fait été changé peut faire naître des soupçons quant à l'honnêteté de la victime et même en empêcher le remboursement. Si le voyageur apporte un gros montant d'argent, par exemple plus de 10 000 $ ou 15 000 $, les vérifications seront encore plus sévères et donc plus longues. L'institution devrait remplacer une partie des chèques pour permettre au voyageur de continuer à vivre, le temps de finaliser leur enquête. Pour éviter les délais, on peut acheter des chèques de deux ou trois compagnies différentes. Les montants impliqués pour chacune étant moindre, cela devrait accélérer les démarches mais cela signifie aussi que ces démarches seront plus nombreuses. Le fait de posséder plus d'une sorte de chèques de voyage a aussi un autre avantage : dans le cas où un bureau de change refuserait un chèque parce que c'est une compagnie qu'il ne connaît pas ou avec laquelle il a eu des problèmes, il sera possible de lui offrir les autres.

LES CARTES

Une autre forme d'argent bien connue ici est la carte de guichet automatique. Bien qu'elle soit de plus en plus utilisée et soit de plus en plus disponible un peu partout dans le monde, le voyageur ne doit pas oublier que dans le cas des pays en voie de développement, on retrouve ce service presque exclusivement dans les capitales. De plus, lorsqu'on se trouve dans un pays où les télécommunications semblent fonctionner quand elles le veulent bien, mieux vaut ne pas trop s'y fier. Elle reste commode, lorsqu'elle est utilisable, pour se faire envoyer de l'argent ou pour en retirer de notre compte, si on ne l'a pas vidé avant de partir. Les compagnies de cartes de guichet automatique sont affiliées avec différents réseaux comme « System Plus » et « Cirrus ». L'institution financière avec qui vous faites normalement affaire peut fournir une liste de localisation des guichets automatiques à travers le monde.

Le taux de change lors d'un retrait au guichet est avantageux, car c'est le taux alloué pour les opérations monétaires de gros volume. Généralement, l'utilisation des réseaux affiliés ne donne accès qu'au compte chèques ou compte avec opérations. Il faut donc voir à transférer suffisamment d'argent dans ce compte avant de partir. Pour un long voyage, c'est un moyen d'utilisation qui reste intéressant si on ne veut pas apporter un trop gros montant en chèques de voyage. L'idéal est de pouvoir refaire le plein d'argent lors du passage dans le pays le plus développé que l'on prévoit visiter ou par lequel on prévoit transiter. La plupart des systèmes donnent droit à un retrait de 1 000 $ par jour.

Une deuxième carte utile est la carte de crédit. Elle peut servir à payer certains achats coûteux ou à se procurer une avance de fonds. Dans ce dernier cas, on peut l'utiliser soit au guichet automatique, soit en se présentant dans une institution financière ou au bureau de la compagnie. Pour pouvoir l'utiliser au guichet automatique il faut, avant le départ, se présenter à son institution financière et demander de faire mettre un numéro d'identification personnel sur sa carte. Il est recommandé d'essayer cette opération avant de partir pour s'assurer que tout fonctionne bien. Il faut se rappeler qu'un retrait au guichet automatique avec une carte de crédit est en fait une avance de fonds et qu'il y a de l'intérêt qui court du moment où cette avance est accordée. Le taux d'intérêt pour une carte de crédit peut dépasser les 18 % par année. C'est donc une solution à adopter en dernier recours.

Si on prévoit porter des achats à sa carte de crédit et que l'on part pour plus d'un mois, il est possible, avant de partir, de payer à l'avance un certain montant d'argent que la compagnie utilisera pour payer le compte mensuel. Ça évite d'avoir des dettes au retour. Pour ceux qui ont de la difficulté à gérer leur budget, mieux vaut ne pas compter sur ce moyen de paiement et de s'en tenir à la carte de débit.

LES AUTRES MOYENS

Un moyen moins commun d'apporter de l'argent est de se procurer une traite auprès des institutions financières avant de partir. Une traite est un peu comme un chèque fait à son nom. Lorsque le besoin se fait sentir, il faut se présenter dans une banque du pays visité où l'on changera cette traite en argent du pays. Le désavantage, c'est qu'en cas de vol, il faut le signaler à l'institution financière vendeuse et le remboursement ne s'effectue qu'une fois de retour au pays. Fin du voyage.

On peut aussi se faire envoyer de l'argent par télex. Dans ce cas, en plus des frais élevés de l'institution d'où part l'argent, plus de 20 $, il faut ajouter les frais de l'institution où l'on fait affaire dans le pays visité et des délais qui peuvent être assez longs (quelques jours, voire quelques semaines). De plus, certaines institutions refusent de recevoir de l'argent par télex si le voyageur n'y a pas ouvert de compte. Si c'est un moyen que vous pensez utiliser, il faut le prévoir à l'avance car il faut signer une procuration donnant la permission à votre institution financière de retirer l'argent nécessaire de votre compte. À moins que cet argent ne provienne d'une quelconque connaissance…

En résumé, le moyen le plus simple et le plus sûr d'apporter de l'argent reste les chèques de voyage. Les cartes de débit ou de crédit peuvent aussi se révéler utiles lors de longs voyages. Dans ce dernier cas, une bonne discussion avec un employé d'une ou de préférence d'au moins deux institutions financières (la connaissance des employés varie grandement selon qu'ils ont ou non déjà fait ces démarches) est essentielle pour avoir la meilleure planification possible du budget.

CHANGER DE L'ARGENT

Vous voilà maintenant avec les poches pleines de chèques de voyage et de beaux dollars américains, prêt à embarquer à bord de l'avion. Mais voilà, vaut-il mieux se procurer des devises du pays de destination ici même ? Ça dépend. Si le vol arrive de jour à destination, mieux vaut changer l'argent là-bas, car le taux obtenu est meilleur que celui offert au Canada. Si le vol arrive de nuit, il est prudent de changer avant le départ juste ce qu'il faut pour vivre une journée dans le pays à visiter. En effet, dans certains aéroports, les comptoirs de change sont fermés la nuit ; en changeant un peu d'argent au Canada, vous pourrez prendre un taxi et vous rendre à l'hôtel piquer un somme jusqu'au lendemain, à l'ouverture des guichets. Si vous décidez de changer de l'argent au Canada, changez de l'argent canadien. En voulant changer de l'argent américain, une commission sera chargée pour transformer cet argent en argent canadien, puis une autre commission pour changer l'argent canadien en devise du pays à visiter ; ce n'est pas très rentable ! Enfin, certains pays comme l'Inde interdissent que leur argent sorte de leurs frontières. Il est donc impossible d'en trouver ici, à moins d'avoir des amis qui reviennent de ce pays avec quelques roupies…

Une fois à bon port, il y a quelques possibilités pour changer de l'argent au meilleur taux. Les bons guides de voyage font mention des facilités de chaque option. Il y a bien sûr les banques, mais aussi les bureaux de change qui sont des commerces spécialisés dans l'échange d'argent étranger. Ils sont difficiles à manquer, la plupart affichant des répliques de drapeau de plusieurs pays ou le taux de change de l'argent américain. Il peut s'agir d'un petit comptoir sur la rue ou d'un bâtiment complet. Les taux offerts varient selon qu'il s'agisse d'une banque ou d'un bureau de change et selon qu'il s'agisse d'argent comptant ou de chèque de voyage. Il faut vraiment faire le tour au début pour savoir où notre pécule nous profitera le plus. Que l'on change l'argent à la banque ou au bureau de change, il faut présenter le passeport pour changer de l'argent (ou des chèques de voyage) mais la paperasserie est généralement moins lourde dans les bureaux de change qu'à la banque. Une fois

qu'on a obtenu des devises du pays, on peut vérifier si le compte y est, en restant au guichet, en
présence du caissier. Il sera impossible de faire
corriger une erreur une fois que l'on aura quitté les
lieux.

Une dernière option moins commune est de
changer de l'argent sur la rue. Encore une fois, les
guides de voyage font mention des endroits où on
peut le faire sans risque ; dans la plupart des pays,
il est tout à fait illégal d'agir ainsi. Mais la plupart
du temps, les changeurs vous trouveront bien avant
que vous ne vous posiez la question !

En changeant de l'argent sur la rue, il faut être
bien attentif à ce qui se passe. Quoique certains
changeurs soient honnêtes, d'autres sont des
émules de Mandrake le magicien. Il y en a qui font
comme s'ils étaient nerveux de voir arriver la
police d'une minute à l'autre afin d'empêcher le
voyageur de compter l'argent donné en retour. Ou
encore, des billets pliés en deux sont glissés parmi
la liasse, de sorte que si l'on ne compte l'argent
que d'un côté (bien sûr, du côté tendu par le chan-
geur alias Mandrake), on croit que le compte y est,
alors qu'il en manque une bonne partie. D'autres
intervertissent des boutons sur leur calculatrice,
par exemple les boutons « égal » et « mémoire ».
Donc, une fois qu'ils ont fait leur multiplication,
ils appuient sur ce que vous croyez être le bouton
« égal » mais qui est en fait une opération placée

en mémoire et dont le résultat est bien sûr à leur avantage. Le mieux à faire en changeant de l'argent est de toujours bien prendre son temps et de calculer soi-même le montant total sur un bout de papier ou sur une calculatrice de poche, à moins d'être un « crack » du calcul mental.

Dans chacun des cas, il s'agit de bien magasiner surtout lorsqu'on arrive au pays. Une fois qu'on connaît le taux, la tâche devient moins exigeante. Si on voyage d'un pays à l'autre et qu'on traverse les frontières à pied, une source d'information bien à jour sur les taux de change est le voyageur qui revient du pays où l'on veut aller. Il peut vous informer si les taux sont bons à la frontière ; la plupart du temps, les taux n'y sont pas extraordinaires.

SÉCURITÉ

Le voyageur indépendant est exposé à certains dangers qui peuvent sembler excessifs ou inhabituels. Il transporte avec lui de l'équipement et des devises qui valent plus d'une année de salaire de la plupart des gens qu'il croise. Il voyage souvent dans des régions instables, frappées de problèmes politiques et économiques plus ou moins graves et son inexpérience des coutumes locales peut lui causer divers problèmes.

Néanmoins, avec de la prévention et du bon sens, ces inconvénients peuvent être facilement contournés. Il faut se rappeler que dans la vaste majorité des cas, la perception que nous avons des dangers inhérents à un pays, avant de s'y rendre, est grossièrement surfaite.

PRÉVENTION DU VOL

L'individu nord-américain qui voyage dans un pays en voie de développement est presque automatiquement perçu comme étant immensément riche. Partant de ce raisonnement, la tentation est grande de s'approprier quelques avoirs de ces derniers. Malgré cette perception, le risque de vol à main armée ou avec violence demeure extrêmement faible. La majorité des vols commis à l'endroit des voyageurs le sont généralement à la sauvette sur leurs bagages ou sur leur personne par des pickpockets.

La prévention de ce type de délit est assez simple. Le principe de base est de ne laisser aucune cible précise à un éventuel voleur. Autrement dit, ce dernier ne doit pas savoir où se cachent vos objets de valeur, car il opère toujours très rapidement et ne peut se permettre d'hésiter ou de chercher. S'il doit tout de même agir, il le fera au hasard en s'attaquant aux endroits vulnérables de votre équipement. Ces points faibles sont les poches externes du sac à dos, qui peuvent être aisément ouvertes soit par la fermeture éclair ou par une lame de rasoir, et les poches de vêtements, que les voleurs à la tire peuvent facilement sonder.

Le matériel doit être rangé dans le sac à dos de façon à ne laisser aucun objet ou papier de valeur dans les pochettes externes. Leurs fermetures éclair devraient être verrouillées mais il faut garder à l'esprit qu'elles ne sont jamais à l'abri des lames de rasoir. L'idéal est de couvrir son sac d'une housse protectrice. Le principe en est simple : elle cache à la vue la disposition du sac. Le voleur ne pouvant identifier l'emplacement des pochettes ou autres points faibles, il sera beaucoup moins tenté. Ces housses et couvre-sacs peuvent être achetés dans les magasins de plein air ou bien être facilement improvisés sur place avec un sac de café ou de grain sur lequel on pratique des entailles pour en faire sortir les bretelles du sac à dos. La housse est particulièrement utile lors du transport en autobus, car les bagages sont souvent empilés dans un coin du véhicule ou sur le toit, là où il est difficile de garder un œil sur son avoir. Elle a aussi l'avantage non négligeable de protéger le sac de la pluie et de la saleté.

Il est utile d'avoir un petit bout de chaîne ou de câble d'acier (plus léger) et un cadenas afin d'attacher son sac au porte-bagages sur le toit des véhicules, à un siège ou encore au sac de son compagnon (il faut être drôlement costaud pour se sauver avec deux sacs à dos bien remplis !).

Les papiers importants devraient être portés sur soi et l'argent distribué entre sa personne et son sac à dos. Les devises portées sur soi devraient aussi être distribuées en plus d'un endroit, généralement en un petit montant pour les activités journalières dans ses poches et le reste avec les papiers importants camouflés dans une ceinture de taille, de jambe ou de cou portée **sous** les vêtements.

Il existe plusieurs types de ces ceintures et pochettes de voyage pour transporter ses documents et son argent en sûreté. Ne donnez pas l'occasion de montrer à d'éventuels voleurs la localisation de vos valeurs en portant ces pochettes par-dessus vos vêtements ! Certaines de ces pochettes se portent autour du cou, à la taille ou, plus rarement, au-dessus du mollet. Il faut la choisir en fonction de sa grandeur (est-elle capable de contenir un passe-port ou des chèques de voyage ?) et de son matériel qui doit être doux et confortable. En effet, sous les tropiques, ces pochettes portées près du corps sont rapidement trempées de sueur et peuvent causer de l'irritation. Pour cette raison, le nylon et les tissus synthétiques sont déconseillés. Un substitut idéal et très efficace est de coudre des pochettes internes à même ses vêtements avant le départ et d'ajouter du même coup des fermetures à bouton ou velcro à ses poches de pantalon (ou de jupe) et de chemises.

Il est prudent de conserver à part une photoco-pie de son passeport, de son carnet de vaccination et d'un certificat de naissance ou de citoyenneté de même qu'une liste comportant les numéros de ses chèques de voyage, numéros de cartes de crédit et les numéros de téléphone pour un éventuel rem-boursement ou signalement de vol. Ces quelques grammes supplémentaires au fond du sac à dos peuvent faire toute la différence lors de vol ou de perte de documents.

Les risques de vol sont heureusement limités à certains secteurs très restreints. Comme c'est le cas chez nous, les risques sont plus élevés dans les grandes villes qu'en campagne ou en milieu rural. En tenant compte de ce fait, le danger se concentre en certains points chauds. Un de ces secteurs à ris-que est constitué des points de transit. Les stations d'autobus, les gares et les ports sont les endroits où

la vigilance doit être à son maximum ; particulièrement si ces stations sont fréquentées par un
nombre substantiel de touristes étrangers. Le va-et-
vient incessant, les bousculades, le fait que les
voyageurs y soient souvent fatigués, désorientés et
qu'ils transportent bagages et argent font des
points de transit un des repères préférés des petits
voleurs. Suivent ensuite les endroits achalandés
tels que marchés, fêtes publiques, autobus urbains,
etc., qui sont les lieux de prédilection des voleurs à
la tire. Ces derniers y opèrent souvent avec un
complice et profitent des bousculades fréquentes
pour commettre leurs méfaits.

Dans la plupart des villes de pays en voie de
développement, l'éclairage urbain est déficient ou
très dispersé, laissant de longs segments de rues
dans le noir ; ce qui peut paraître inquiétant à première vue. Dans les petites villes, la nuit, le danger
de tomber dans un trou laissé béant par la voirie est
beaucoup plus grand que le moindre danger de vol
et si quelqu'un vous accoste, ce sera probablement
par curiosité ou pour vous aider. Par contre, dans
les grandes villes, il est sage de demander des avis
locaux sur la sécurité relative des différents quartiers que l'on prévoit visiter. Les quartiers dangereux sont souvent très connus localement et on
s'empressera de vous les nommer.

Pour ce qui est des relations avec les gens en
général, un des points frappants est l'ouverture et

la curiosité des gens à son égard, particulièrement hors des sentiers battus. Cette convivialité aide énormément à prendre contact avec les gens et à profiter d'expériences intéressantes. Néanmoins, dans les endroits fréquentés par de nombreux touristes et voyageurs indépendants, il faut se méfier des gens trop entreprenants ou qui semblent exagérément amicaux. En fait, après quelque temps dans un pays donné, le voyageur développe un sixième sens presque infaillible sur la sincérité des gens qui l'approchent. Se fier à ce sixième sens permet de filtrer les rencontres tout en restant ouvert aux bonnes occasions.

Un fait malheureux mais commun, est le risque de vol commis par d'autres voyageurs. Dans pratiquement tous les pays, le long des axes touristiques majeurs, existent une multitude de petits hôtels qui se spécialisent dans l'accommodation des voyageurs indépendants. Les plus populaires d'entre eux servent de points de rencontre et d'échange. Leur ambiance relaxe porte souvent à oublier que quelques voyageurs au budget réduit à l'extrême sont malheureusement prêts à tout pour continuer à voyager. Prudence donc... même avec ses confrères !

Avant le départ, il est possible d'acheter une assurance pour couvrir la perte ou le vol des bagages. Cette assurance est disponible auprès des compagnies d'assurance ou de l'agent de voyage.

Il faut bien lire les petits caractères car certaines n'offrent pas la valeur à neuf des biens volés et ont des restrictions pour l'équipement photographique ou les bijoux. Si vous possédez une assurance habitation, elle couvre les pertes ou le vol. Par contre, il y a généralement un déductible de 200 $ et une réclamation aura aussi pour effet d'augmenter les primes pour l'année suivante, ce qui n'est pas le cas en prenant une assurance indépendante.

Tout vol devrait être signalé aux autorités locales. Exigez une copie du rapport (généralement un rapport de police en bonne et due forme) qui constitue une preuve du délit pour votre compagnie d'assurances et facilitera le remboursement des objets volés. En cas de perte ou de vol du passeport, cette démarche devient essentielle. Dans ce dernier cas, il faut signaler le plus tôt possible cette perte ou ce vol à l'ambassade canadienne du pays ou, s'il n'y en a pas, à une ambassade britannique ou, à défaut, australienne. Après enquête, les autorités décideront si elles délivrent un nouveau passeport, un passeport temporaire ou un document autorisant seulement le retour au pays. La perte du passeport peut donc signifier la fin du voyage. Pour délivrer un nouveau passeport, le voyageur devra présenter une preuve de citoyenneté comme, par exemple, un certificat de naissance. Il est donc fortement recommandé de garder ce certificat en un endroit séparé du passeport. À défaut de pouvoir fournir une telle preuve, un passeport temporaire pourrait être délivré. Une photocopie de la page d'identification du passeport facilitera les démarches.

Malgré toute l'expérience qu'un individu accumule au fil des pays, il survient des moments où une arrivée dans une ville inconnue en pleine nuit, épuisé, sans réservation d'hôtel et sans trop d'idée où aller, laisse le voyageur le plus aguerri passablement désemparé. Même dans ces moments, il doit faire montre d'une attitude en apparence décidée et marcher d'un pas solide, comme s'il savait exactement où il se dirige. Cette attitude, ou plutôt ce rôle, est très important à cultiver parce qu'une personne hésitante ou qui ne semble pas sûre d'elle est un véritable aimant pour la racaille. Curieusement, à force de s'appliquer à laisser transparaître cette attitude de confiance en soi, il semble bien qu'elle finisse par s'insinuer d'elle-même dans le caractère !

PROBLÈMES RELIÉS
À LA SITUATION POLITIQUE

Les situations économiques et politiques de plusieurs pays en voie de développement sont volatiles et souvent instables. Généralement, ces faits n'ont pas grande influence sur le voyageur qui ne fait que passer dans ces pays mais il se doit d'être averti de certaines caractéristiques particulières.

Dans nombre de pays, le monde politique est souvent vécu de façon beaucoup plus intense que sur le continent nord-américain. Ce fait est particulièrement vrai pour les pays latins où les esprits s'enflamment rapidement et où la politique est un des sujets de conversation des plus communs. Le voyageur averti prendra soin de ne pas prendre position dans ces débats ou d'afficher une préférence pour un parti ou une personnalité politique quelconque. D'ailleurs, le seul fait d'être originaire d'un pays ou l'autre peut avoir une profonde influence sur les réactions de votre interlocuteur. Par exemple, le fait de se présenter comme canadien provoque souvent une attitude favorable parce que le Canada n'a pas de passé colonialiste, pratique généralement une politique internationale non-interventionniste et est bien connu pour ses nombreux programmes d'aide aux pays en voie de développement (du moins jusqu'à tout récemment). Cette différence d'attitude est bien marquée, entre autres, dans les pays d'Amérique centrale où le fait d'être pris pour un américain peut causer une certaine fermeture pour des raisons historiques et politiques, justifiées ou non. Plusieurs voyageurs indépendants prennent, avec raison, profit de l'image internationale positive du Canada en arborant un petit drapeau canadien sur leur sac à dos.

Certains pays communistes, socialistes ou intégristes peuvent considérer comme littérature subversive un large éventail d'ouvrages anodins ici. Si certains de ces pays apparaissent sur votre itinéraire, il est préférable de ne pas y importer de documents à connotation politique ou sexuelle. De même, il faut éviter d'utiliser des vêtements ou équipements de surplus d'armée dans les pays troublés militairement ou présentant des problèmes de guérilla. Dans ces derniers pays, il faut éviter de planifier des randonnées près des frontières géographiques ou du moins prendre des avis locaux sur la situation des régions où l'on désire se rendre.

Il est très rare que le voyageur soit pris comme cible lors de conflits à cause de l'influence négative de ce geste sur l'opinion internationale. Il survient pourtant quelques événements isolés où des voyageurs se font agresser afin de déstabiliser l'industrie touristique ou pour quelque autre motif. Lorsque de tels événements surviennent, la publicité qui entoure ces actes est telle qu'il est presque impossible de ne pas être au courant et il devient alors facile d'éviter ces régions. La direction des opérations consulaires et des services en cas d'urgence d'Ottawa met à la disposition du public un service téléphonique 24 heures sur 24, 7 jours par semaine, permettant de prendre connaissance, avant de partir, de troubles ou problèmes particuliers récents pour un pays donné (1-800-267-6788). En cas d'événement grave, comme lors de coups d'état ou de troubles politiques généralisés, il devient impératif de s'enregistrer dans une ambassade canadienne le plus tôt possible et d'attendre que la situation se calme avant d'essayer de sortir du pays ; à moins d'avis contraire des représentants consulaires canadiens.

LES DROGUES

La consommation de drogues est tentante dans plusieurs pays. Souvent, elles sont vendues à prix ridicule, sont facilement disponibles et dans certains pays, semblent presque légales tant leur usage est commun. Ces facteurs font que chaque année, des dizaines de voyageurs indépendants se retrouvent derrière les barreaux de prisons au côté desquelles nos geôles font figure d'hôtels quatre étoiles.

À notre connaissance, il n'y a aucun pays en voie de développement où la consommation de drogues est tolérée à l'exception peut-être pour certains groupes ethniques très restreints. User de drogues, même douces, dans un pays dont on ne connaît pas profondément les mœurs est s'exposer à un réel danger, d'autant plus que les lois anti-drogues de certains pays sont beaucoup plus sévères que celles en vigueur chez nous. Il ne faut jamais oublier qu'un étranger passe difficilement inaperçu et le moindre de ses mouvements ou transactions est toujours surveillé par un nombre inimaginable de personnes. En fait, si une personne insiste vraiment pour consommer de la drogue, l'endroit le plus sécuritaire pour le faire est sûrement, tranquillement à la maison !

Plus de 1200 canadiens sont actuellement en prison à l'étranger pour diverses infractions dont 450 pour possession ou trafic de drogues.

Tiré de : *Bon voyage mais... Renseignements aux canadiens voyageant à l'étranger,* Ministère des Affaires étrangères et du Commerce international.

LES FEMMES VOYAGEANT SEULES

Beaucoup de femmes hésitent à voyager seules. La crainte de l'agression physique ou morale et la peur de la solitude sont les deux principales raisons qui empêchent plusieurs femmes de partir à l'aventure. Être en bonne forme physique est bien sûr un atout d'autant plus que vous aurez à transporter votre sac partout et en tout temps. Avant de partir, la voyageuse a tout avantage à lire différents guides ; on y mentionne par exemple le type d'habillement choisi par les femmes locales. En adoptant un habillement semblable, la voyageuse y gagnera en respect de la part des hommes et les femmes du pays seront plus à l'aise lorsqu'elles auront à lui parler. Les liens sont beaucoup plus faciles à créer lorsque l'étrangère n'est pas jugée comme étant « osée ». Porter une mini-jupe dans un pays où les femmes sont voilées risque de faire passer la voyageuse pour une femme facile, de lui causer beaucoup d'ennuis et de lui faire rater des occasions de prendre contact avec les gens. Ces guides font souvent mention de certaines règles que les femmes doivent suivre dans un pays, comme par exemple voyager dans des wagons séparés des hommes. La voyageuse se doit de les respecter si elle veut elle-même être respectée et éviter bien des problèmes.

Sur place, observez les femmes qui vous entourent et adoptez si possible leur façon de s'habiller et de se comporter en société ; cela vous évitera de trop attirer l'attention. Le comportement à adopter en tout temps est un juste mélange de confiance en soi et d'humilité par rapport aux gens qui vous entourent. Trouver la frontière entre la méfiance et la prudence n'est pas facile mais quand le plus macho des mexicains à moustache vous considérera comme sa petite sœur, vous saurez que vous êtes sur la bonne voie.

Quelques petits mensonges peuvent aider la voyageuse à se sortir d'une situation où quelqu'un devient trop entreprenant. Porter un anneau à l'annulaire gauche peut lui permettre d'affirmer qu'elle est bien mariée ; elle peut aussi dire que son « mari » est resté à l'hôtel ou dans la capitale pendant qu'elle fait ses commissions ou un petit tour dans les environs. Si quelqu'un vous importune vraiment, il ne faut pas hésiter à se montrer offensée comme le ferait n'importe quelle femme de l'endroit. Il n'y a aucune raison d'accepter de se faire harceler.

La situation des femmes en pays peu développé donne souvent l'impression d'un retour en arrière. Mariées souvent très jeunes, elles ont de nombreux enfants et sont rarement indépendantes financièrement ; la voyageuse est donc un objet de curiosité pour elles.

Une bonne façon d'entrer en contact est d'apporter des photos d'enfants : soient des siens propres ou des neveux, nièces, jeunes frères et sœurs (véritables ou adoptés) prises si possible dans un décor enneigé. Il n'y a rien comme une frimousse d'enfant pour faire tomber toutes les barrières, sociales ou linguistiques.

Finalement, le meilleur atout d'une femme qui voyage seule est son intuition. C'est la version féminine du fameux sixième sens qui se développe au cours du voyage. Dans la vie quotidienne, nous avons souvent tendance à rationaliser nos comportements, mais en voyage, la petite voix intérieure reprend ses droits. Il suffit d'y être sensible et de l'écouter sans se poser trop de questions. À la longue, cela devient très facile et surtout très reposant.

Au Canada, en 1995, 14 % plus de femmes que d'hommes ont effectué un voyage dans un pays autre que les États-Unis.

Source : *Statistiques Canada.*

LA GRANDE FAMILLE (! !)
DES ROUTARDS

Une des grandes surprises de ceux qui en sont à leur premier périple est de constater la popularité du voyage indépendant. Cet itinéraire qui semblait être la réalisation d'un rêve inédit ou l'aventure unique d'une vie est en fait partagé par des dizaines et même des centaines d'autres voyageurs au même moment. Voyons comment tirer profit de cet achalandage tout en évitant ses pièges.

LE SENTIER BATTU (OU LA *TOURIST TRAIL*)

Le tourisme est une source de revenu importante pour un grand nombre de pays tropicaux. La majeure partie de ces capitaux sont générés par le tourisme traditionnel qui se concentre dans les centres de villégiature et les centres touristiques majeurs. Cependant, une partie non négligeable de ces fonds provient tout de même de voyageurs indépendants. Ces voyageurs indépendants, par leurs goûts et par leur nombre relativement réduit, sont des sources de devises accessibles à la petite et moyenne entreprise locale. Ces entreprises locales ont une capacité de réaction extrêmement rapide. Par conséquent, partout où les voyageurs indépendants débarquent, une multitude de services répondant à leurs « besoins » se développent (petits hôtels, agences touristiques, guides, etc.). Les maisons sont transformées en pensions, les restaurants poussent comme des champignons et une génération spontanée de guides improvisés déclare ouverte la chasse à l'étranger. Rapidement, on s'adapte aux clients. On leur fournit ce qu'ils aiment. Les restaurants se standardisent, éliminent les épices qui pourraient irriter les palais sensibles, ajoutent au menu des imitations de crêpes ou de pizzas et dénichent même de la bière importée. Les employés apprennent vite quelques mots d'anglais ou d'allemand, question d'épaissir le pourboire. Les mini-agences touristiques aussi s'adaptent rapidement et savent dorénavant combler les attentes les plus exigeantes : des tribus qui n'ont jamais vu d'hommes blancs ? Pas de problème, il reste quelques sièges pour le minibus de demain. Le lever de soleil vu du sommet du mont Babou ? C'est notre meilleur vendeur ! Inscrivez-vous maintenant pour avoir droit à une réduction sur les T-shirts « J'ai fait le mont Babou » ! Les guides de voyage mentionnent maintenant l'endroit comme un centre de services pour voyageurs indépendants et l'affluence augmente... les prix aussi mais ils sont encore tellement plus bas que chez nous ! Le hic, c'est que l'endroit exotique est maintenant semblable à tous les autres centres de service du globe, standardisé au goût de la clientèle. Partout où l'on regarde, on ne voit que des voyageurs : des Allemands, des Français, des Québécois… plus aucun habitant local à part ceux qui ont un intérêt pécuniaire dans l'opération. C'est le paradis du *soft adventure*. Certes, ces voyageurs ne portent pas de bermudas à fleurs et sont loin des *El tabarnakos*. Ils ont un look relax, semblent dans leur élément et discutent sûrement du sauvetage de la planète en sirotant une Heineken bien frappée avec leurs semblables… pour le dépaysement, on repassera.

Le problème est que ce scénario se répète de façon plus ou moins intense partout où l'affluence des voyageurs indépendants est suffisante pour créer un marché lucratif. Les conséquences générales de cette affluence sont sensiblement les mêmes qui découlent de la popularité des centres touristiques traditionnels mais à une échelle moindre. Ces conséquences fâcheuses sont pourtant les mêmes qui forcent le voyageur indépendant à se démarquer du marché touristique de masse mais il recrée lui-même le problème en se concentrant inconsciemment sur des circuits informels.

Ces circuits informels se développent le long de grands axes reliant les principales attractions touristiques d'un pays donné. Ils forment généralement des boucles qui suivent les principaux accès routiers. L'information disponible dans les guides de voyage se concentre sur ces axes et tend à négliger le reste, ce qui crée un cercle vicieux. Même s'ils ne sont pas mentionnés comme tels, ces axes sont des itinéraires naturels logiques entre les principaux attraits d'un pays et ils sont communs dans la majorité des pays du monde. Aux étapes pratiques le long de ces circuits se trouvent de petits hôtels ou pensions qui s'adressent directement au voyageur indépendant. On y offre souvent des services très utiles tels que des machines à laver, un système d'échange de livres usagés ou de location d'équipement. Ils constituent des points de ralliement et d'échange entre voyageurs du monde entier. On y discute de ses expériences, d'attraits peu connus, des nouvelles exigences de tel ou tel poste frontalier ou des moyens les plus économiques de se rendre d'un endroit à l'autre, le tout dans une ambiance relaxe et conviviale. On y rencontre des gens de tous âges et de toutes nationalités (quoique rarement de celle du pays où on se trouve) et ces refuges sont des points de rencontre idéaux pour ceux qui recherchent un compagnon ou une compagne de voyage. Bien utilisés, ces lieux fréquentés par un grand nombre de voyageurs indépendants peuvent être une introduction idéale à ce type de voyage. En particulier, pour ceux qui en sont à leurs premières expériences, pour les personnes d'un certain âge, ou celles qui n'ont pas encore l'assurance nécessaire pour sortir des sentiers battus.

Tout cela semble bien intéressant, mais le problème (ou l'avantage pour les autres) réside dans le fait qu'une grande part des voyageurs indépendants se cantonnent consciemment ou non à ces grands circuits. Au retour, ceux-ci vont décrire leurs heureuses rencontres avec tel Allemand ou telle Suisse, des Français avec lesquels ils ont fait un bout de chemin ou encore du hasard incroyable d'avoir rencontré trois fois le même Québécois dans un pays aussi vaste que celui qu'ils viennent de « faire »… (eh que le monde est petit !). Du pays qu'ils ont visité et de ses gens ? Pas grand chose à dire, à part peut-être la description en tout point conforme d'un voyageur à l'autre, de quelques attractions majeures. Eh bien si le but est de rencontrer des Européens, alors pourquoi ne pas voyager en Europe ? Si le désir de connaître la culture du pays qu'on visite n'est pas présent, alors pourquoi même voyager ?

Ce n'est pas que ce soit facile de sortir des sentiers battus. La grande majorité de l'information disponible par les guides de voyage nous acheminent sur cette voie et il peut sembler au lecteur qu'il n'existe rien d'autre d'intéressant à voir ou à vivre en dehors de ce que ces guides décrivent. La barrière des langues pousse nombre de gens à se regrouper ensemble et à limiter leur exploration. De même, un choc culturel peut être ressenti à divers degrés par nombre de voyageurs, particulièrement si ceux-ci voyagent seuls ou en sont à leurs premières armes.

Le choc culturel est le terme général qui inclut tous les facteurs de stress qui accompagnent les premiers mois de vie à l'étranger. Le voyageur se trouve du jour au lendemain exposé à un environnement, à un rythme et à des façons de penser totalement différentes. Les premières semaines sont excitantes. Tout est nouveau, tout stimule les sens et le voyageur va de découvertes en découvertes, euphorique. Après un certain temps, graduellement et sans raison apparente, cette excitation fait place à une certaine lassitude. Cette lassitude s'explique par la difficulté du voyageur à se mettre sur « la même longueur d'onde » que ses interlocuteurs.

De façon plus subtile : l'individu chez lui est socialement à l'aise parce qu'il est capable de décoder les attitudes, les signes sociaux et les attentes des gens qui l'entourent. En pays étranger, dans une culture et un milieu totalement différent, le voyageur est confronté à de nouveaux signes et à des attentes qui ne se rapportent à rien de ce qu'il connaît et qui peuvent le perturber à la longue. Cette confrontation se manifeste sous forme de stress et de frustration pendant une période très variable qui dépend de la capacité d'adaptation de l'individu et du contraste culturel vécu. Par exemple, pour un Québécois, ce choc sera moins intense dans un pays d'Amérique centrale (pays latins, donc avec plusieurs similarités dans le comportement social) que dans un pays du continent asiatique ou africain. Ce choc est normal et ne doit pas être considéré comme une preuve d'inexpérience ou de manque d'adaptabilité. Au contraire, il est plutôt la preuve que le voyageur est sensible à son environnement et qu'il cherche vraiment à se familiariser avec une nouvelle culture et ce malaise temporaire est la conséquence directe de son implication personnelle dans le processus.

Évidemment, ce choc se fait beaucoup moins sentir sur les sentiers battus. Le fait de pouvoir profiter d'un environnement social apparenté au sien dans un autre pays est rassurant et confortable. Par contre, il y a un danger bien réel de s'y complaire, de s'y limiter et de ne rien découvrir d'autre.

L'individu sérieux dans son désir d'apprendre doit donc faire un effort supplémentaire pour aller voir ailleurs. L'apprentissage des rudiments de la langue locale est de loin le premier pas le plus efficace en ce sens. Même si cette connaissance se limite aux nombres, à des salutations et à quelques phrases simples, il ne faut surtout pas hésiter à les utiliser car l'intérêt qu'un étranger porte à la langue locale est toujours très remarqué, infiniment apprécié et ouvre bien des portes. Plus le voyageur s'éloigne des sentiers battus, plus la connaissance de la langue devient importante et plus le désir et le plaisir d'en savoir plus se manifeste. C'est aussi une grande leçon de modestie que de réaliser que le paysan dans sa rizière de Sumatra est multi-lingue (une ou deux langues locales, une langue officielle commune et souvent une bonne connaissance d'une langue d'usage international comme l'anglais ou le français) et qu'il en est ainsi sur la majeure partie du globe à l'exception peut-être de l'Amérique du Nord…

Se concentrer sur une activité ou un goût spécifique est aussi un moyen agréable de laisser derrière soi les sentiers battus. Que ces intérêts soient centrés sur l'art ecclésiastique, les papillons, les volcans en éruption ou une industrie quelconque, ils donnent tous d'excellents prétextes pour sortir des circuits traditionnels. Ils forcent à consulter des sources d'information non usuelles et à faire des contacts avec des gens aux passions communes. Ces gens peuvent faire une différence énorme sur sa familiarisation avec une nouvelle culture. Aussi, il semble bien que toute activité ou façon de voyager qui demande un effort physique plus ou moins intense (randonnées de plus d'une journée, cyclotourisme, alpinisme, etc.) laisse derrière soi une grande partie de la masse des voyageurs indépendants. Il faut aussi chercher à tirer le maximum des guides de voyage. On doit rechercher les plus complets, les plus récents et porter une attention particulière aux lieux à peine mentionnés, aux sites secondaires ou encore à ceux qui demandent un effort supplémentaire de préparation, de planification ou qui exigent un équipement particulier. Une journée ou deux passées à remplir des demandes de permis, à chercher de l'information sur un site particulier ou des cartes plus précises peuvent rapporter gros en terme d'expériences de voyage. Certains radicaux vont jusqu'à sélectionner des régions où aucune information touristique n'est disponible et qu'aucun guide de voyage ne mentionne. Ils s'assurent ainsi d'un voyage loin des masses, plein de rebondissements et durant lequel ils sont assurés de rencontrer des gens qui ne sont affectés d'aucune façon par la pollution touristique. Tous ces efforts sont largement récompensés.

Mais quelle que soit l'application qu'on y met, il est inévitable de recouper les grands circuits classiques à plusieurs moments puisqu'ils relient des attractions majeures à ne pas manquer, quel que soit le style de voyage pratiqué, de même que les principaux points de transit.

C'est après un certain temps passé hors de ces circuits que l'on se rend compte que les petits hôtels et restos qui semblaient si sympas à première vue ont très souvent un rapport qualité/prix inférieur à la moyenne. Que sous une attitude pseudo relaxe se cachent des services de base déficients. Que les gens qui les fréquentent sur une base régulière ne sont pas nécessairement de compagnie intéressante (tous ont la même chose à raconter !), sont souvent sectaires (il n'y a qu'à parcourir quelques-uns des livres de commentaires disponibles dans ces établissements pour s'en rendre compte) et ont souvent des notions de respect d'autrui très rudimentaires (même si cette qualité devrait en principe être développée chez le voyageur) ; que la majorité des établissements qui arborent un autocollant « recommandé par le guide X » doublent ou triplent leurs prix et subissent une baisse de qualité de leurs services ; bref, que tout cela sent l'opération commerciale à plein nez.

Mais Dieu que la bière et les frites sont bonnes ! et que c'est agréable d'avoir un peu d'information sur ce qui se passe au pays et de prendre « congé » après quelques semaines d'immersion totale… mais pas pour longtemps !

ÉTHIQUE

Le voyage se doit d'être riche d'expériences et agréable pour le voyageur. Qu'en est-il des gens rencontrés ? Profitent-ils autant de notre présence que nous de la leur ? Quelques petites règles d'éthique toutes simples améliorent de beaucoup le contact avec les gens et ouvrent beaucoup de portes tout en réduisant les impacts négatifs que le voyageur laisse derrière lui.

AVANT LE DÉPART

Un voyageur qui a vraiment soif d'apprendre ne se renseigne pas seulement sur les choses à voir dans tel ou tel pays mais se préoccupe aussi de se renseigner sur la culture, les croyances locales, les us et coutumes, les religions pratiquées et l'histoire des pays qu'il s'apprête à visiter. D'un point de vue tout à fait pratique, plus le voyageur est familier avec les points décrits ci-haut, plus il sera à même de comprendre ce qu'il verra en voyageant. Le hasard fait qu'en voyageant, nous sommes témoin de tellement d'événements : un jour une procession dans les rues, l'autre une escarmouche avec des manifestants, l'autre encore ont fait sauter des pétards pour on ne sait quelle raison… Déjà que bien souvent on n'est pas très familier avec la langue locale, il est bien difficile d'y comprendre quelque chose, à moins bien sûr, d'avoir fait ses devoirs avant le départ.

Mais mis à part les événements dont on peut être témoin ou les endroits que l'on peut visiter durant un séjour dans un autre pays, un des plaisirs les plus intenses du voyage est le contact avec les gens. La plupart du temps, plus ces contacts ont été nombreux, plus le voyage est considéré réussi et rapporte les meilleurs souvenirs. Les souvenirs les plus divers aussi, car seuls les gens du pays peuvent nous apprendre vraiment ce qu'est leur pays et seuls ces gens peuvent nous donner la chance de vivre nombre d'expériences autrement inaccessibles. Ce sont leurs points de vue qui sont captivants, leur façon de vivre au jour le jour qui éduque le plus et leur amitié qui touche vraiment le voyageur.

Bien que ce soit ces rencontres qui demeurent les plus gratifiantes pour le voyageur, peu se soucient de savoir comment les faciliter et en fait, beaucoup de voyageurs détruisent systématique- ment la plupart des occasions de rencontre en ne respectant pas, sans même s'en douter, les cou- tumes locales, les croyances religieuses ou ce qui est considéré la façon convenable de se vêtir dans le coin de pays visité.

Lors d'un voyage en Indonésie, un pays musul- man, nous étions assis à l'arrière d'un autobus bondé lorsque nous avons perçu quelque chose d'anormal. Un autre couple de voyageurs assis à l'avant du bus, vêtu de shorts, se bécotait comme il le ferait au Canada ou en Australie. Sans même s'en douter, ni avant, ni après, ce couple avait causé toute une commotion dans l'autobus : les enfants rigolaient, les grands pointaient du doigt, les adultes détournaient le regard ou affichaient une mine tout à fait offensée. Disons que leurs chances étaient faibles de se faire inviter pour le thé ! Ces situations, à divers degrés, sont communes et n'eût été de l'endroit privilégié où nous étions assis pour observer la scène de l'autobus, nous n'aurions jamais su à quel point ce comportement pouvait être dérangeant.

Les règles à observer varient d'un pays à l'autre et dépendent souvent de la religion pratiquée. Tous les bons livres-guides discutent de ces règles, il n'y a qu'à prendre ces conseils au sérieux !

PENDANT LE VOYAGE

Les guides de voyage ne traitent pas de tout. Doit-on laisser un pourboire dans les petits restaurants ? Est-il approprié de donner de l'argent aux mendiants et si oui combien ? Faut-il enlever ses souliers avant de pénétrer dans tel ou tel lieu et ainsi de suite… La meilleure façon de faire face à la majorité de ces interrogations est tout simplement basée sur l'observation. Observez sans arrêt. Il faut observer comment les gens du pays agissent dans toutes ces petites situations ambiguës et faire de même. Toujours observer. À Rome, conduis-toi comme un Romain !

ONE DOLLAR, PLEASE

Voyons l'histoire fictive du petit Kunda. Le petit Kunda, sept ans, vivait heureux avec son père, sa mère et ses deux frérots dans le village tout aussi fictif de Sin-Dinero ; situé aux pieds de la chaîne de montagne de l'Andalaya. Le père de Kunda travaillait dur aux champs. Toute la journée, ce dernier bêchait, sarclait, prenait soin de son petit lopin qui le lui rendait bien. La variété de légumes et de grains, que son lopin produisait suffisait à nourrir toute sa famille et un surplus de patates douces et d'orge vendu au marché apportait juste assez d'argent pour se payer les petites choses dont la famille avait besoin. Du cuir pour réparer les chaussures du petit, du fil, des aiguilles et du tissu pour la mama qui habillait toute la famille, de la graisse pour la cuisson et quelquefois, et c'était tout un événement, des friandises pour les petits. Le petit Kunda prenait grande fierté à aider son père aux champs. Quand tôt le matin son père se rendait à son lopin chargé d'outils, Kunda le suivait avec grand sérieux, une bêche sur l'épaule et un petit sourire de fierté qu'il avait peine à dissimuler. Outre le travail aux champs, Kunda aimait bien les samedis. Car le samedi était jour de marché au village voisin de La Plata et Kunda accompagnait sa mère pour vendre les patates douces au meilleur prix. Il aimait bien tout ce brouhaha et comment les gens jasaient et se taquinaient en discutant des prix. Lui aussi avait son propre petit tas de patates à vendre et il se servait volontiers de son charme enfantin pour écouler rapidement la marchandise. Quelle fierté de remettre les quelques pièces de monnaie à sa mère en fin d'après-midi ! À La Plata, les jours de marché, venaient aussi quelques touristes étrangers. Il y a quelques années de cela, quand les premiers sont arrivés à La Plata, cela avait causé grand bruit, mais maintenant les gens ne s'en souciaient guère. Le père de Kunda s'en méfiait. Il les observait quelquefois et de ce qu'il en avait vu, ces étrangers ne travaillent pas, ils se soucient tellement peu de l'argent qu'ils ne marchandent jamais et ne bronchent même pas s'ils payent le triple du prix. Ils braquent leur caméras sur les gens comme si c'étaient des bêtes de cirque… même sur les vieux ! Ils n'inclinent même pas la tête lorsqu'ils passent devant le monument sacré et en plus, ils sont laids. Kunda, lui, les trouve plutôt comiques et pas si laids que cela, en tout cas, pas les blondes… Mais le village de Sin-Dinero lui, à l'écart dans les montagnes, recevait peu de visites de la part d'étrangers. En fait, aucun ne s'était aventuré si loin jusqu'au jour où un groupe d'une dizaine de randonneurs, guidé par quelqu'un de la ville, fit son apparition dans le village. Le petit Kunda, qui était au village cette journée-là, se mit dans la tête d'essayer le truc dont ses petits amis de La Plata lui avaient parlé. Il suffisait, paraît-il, de tendre la main et de réciter une formule magique incompréhensible pour que plein de bonnes choses te soient données. Difficile à croire, mais ses amis semblaient convaincus et avaient les poches pleines de friandises, alors le jeu en valait la chandelle. Il s'approcha timidement du groupe qui sembla tout de suite apprécier sa présence et prit même plusieurs clichés de lui. Encouragé mais tout de même embarrassé, il tendit la main et récita du mieux qu'il put la formule magique : « One dollar, please ! ». Abracadabra, en un instant, il avait les mains pleines de bonbons, un stylo à bille et plusieurs pièces de monnaie ! Les yeux écarquillés, il ne pouvait y croire. Et son expression lui valut même quelques clichés et pièces de monnaie de plus ! De retour à la maison, il disposa fièrement son butin sur la table. Sa mère, au début enchantée, ne savait trop que penser. Il y avait là plus de friandises que ce qu'elle avait pu offrir à ses enfants lors de la grande fête du saint patron du village l'an passé. Et c'était pourtant tout un événement. Et quand le père rentra à la maison en fin de journée... ouh là, là. Quand il vit le tas sur la table, il sut très bien ce qui s'était passé. Il avait vu la cohorte de randonneurs serpenter au fond de la vallée, en contrebas de son champ. Il y avait là sur la table autant d'argent qu'une journée complète de travail aux champs peut rapporter. Et c'était son fils de sept ans qui ramenait cela sans efforts à la maison. De quoi mettre la chicane dans' cabane ! Après avoir encaissé un sermon houleux sur les vertus du travail, Kunda essaya de se faire oublier pour quelque temps. Mais bientôt, de plus en plus de groupes de randonneurs passaient par le village. Kunda mourrait d'envie d'aller réciter une fois de plus la formule magique ; surtout que d'autres enfants du village connaissaient maintenant le truc. Le père de Kunda voyait l'invasion d'un très mauvais œil, d'autant plus que le proprio de la seule échoppe du village avait décidé d'augmenter le prix des boissons gazeuses vu que les étrangers étaient prêts à payer le double du prix normal. C'est triste se disait-il, car au fond, il aurait bien aimé discuter avec ces étrangers pour apprendre des choses sur leurs pays et sur ce qui se passe ailleurs, car ce dernier était curieux et intelligent. Mais le père de Kunda avait des valeurs morales solides et était fervent religieux. Il ne pouvait tolérer de voir les étrangers passer devant le saint monument sans baisser les yeux, ne comprenait pas pourquoi ils dilapidaient l'argent si difficile à gagner dans ce coin de pays et pourquoi ils encourageaient de si vilaines habitudes chez les enfants du village.

Pour faire dans le dramatique, on pourrait rajouter que les familles ont éclaté, que les enfants édentés sont devenus exportateurs de stylos, et que le village abandonné fut transformé en Club Montagne par des promoteurs imaginatifs ; mais ce serait exagérer un peu.

La petite histoire de Kunda sert seulement à illustrer quelques-uns des impacts que le voyageur peut avoir sur les populations locales. Ces impacts sont d'autant plus marquants que le ratio étrangers/ habitants locaux est élevé ; autrement dit, ces impacts sont plus marquants dans les villages et les campagnes que dans les grandes villes. D'autant plus que dans les grandes villes circulent nombre d'étrangers depuis longtemps.

Elle illustre aussi la difficulté de faire des contacts avec la population locale si le voyageur ne prend pas soin de se renseigner sur les coutumes du pays et s'il ne prend pas soin d'observer les gens autour de lui tout en gardant un esprit ouvert et surtout sans tenter de juger ou d'analyser ce qu'il voit en fonction de sa propre culture. Ce n'est pas très compliqué, d'autant plus qu'en partant, les populations locales sont généralement tolérantes et en cas d'erreurs du voyageur, elles donnent presque toujours le bénéfice du doute. De plus, bien souvent, le voyageur est une nouveauté, quelque chose d'exotique et une source d'information intéressante. Les gens auront donc tendance à prendre contact avec lui, particulièrement s'il voyage seul. La situation est un peu plus compliquée aux endroits fortement fréquentés par les étrangers depuis nombre d'années. Dans ces régions, les comportements des gens locaux dépendront de l'attitude de vos prédécesseurs. Et souvent, elle aura été peu reluisante. Changer une image déjà faite est difficile, mais les marques de respect seront toujours bienvenues, où que l'on soit.

LA CORRUPTION

Vrai, la corruption est présente dans beaucoup de pays en voie de développement. Vrai, elle fait souvent partie des mœurs, mais faux, le voyageur doit souvent y recourir pour que les choses « avancent ».

Nous avons souvent entendu des gens se vanter d'avoir recouru à un « pourboire » ou à un pot-de-vin pour faire avancer une situation : passage aux douanes, policiers entreprenants, fonctionnaire au ralenti, etc. Ces gens veulent peut-être montrer qu'ils connaissent les ficelles et impressionner l'interlocuteur pour avoir survécu dans un pays aussi « périlleux ». En réalité, rares sont les fois où le voyageur est obligé d'agir de la sorte. Nombre de voyageurs sont tellement convaincus du contraire que n'importe quel fonctionnaire qui démontre une certaine lenteur ou la moindre hésitation est tout de suite perçu comme étant une incitation à la corruption. Le fonctionnaire qui prend un temps fou à remplir un formulaire n'est pas nécessairement en train d'exiger un pot-de-vin ; ni le fait d'être envoyé à la fin de la huitième file d'attente pour changer ses chèques de voyage. C'est tout simplement comme ça que ça marche ! Il ne faut pas oublier qu'un acte de corruption se fait à deux : le corrompu et le corrupteur, et que la suggestion ne vient pas nécessairement du premier. Si jamais vous vous trouvez dans la très rare situation où la corruption est bien réelle et qu'elle soit la seule solution, n'ayez crainte, vous la reconnaîtrez aisément. Alors, inutile d'essayer d'en voir où il n'y en a pas !

Règle générale, la corruption est tout à fait inappropriée dans la très grande majorité des situations et le fait de la suggérer peut placer un voyageur dans une situation très embarrassante. En cas de doute, mieux vaut faire le niais et demeurer patient. Mieux vaut faire mine de ne pas comprendre que de faire de petits sourires entendus. De toute façon, la méconnaissance du système peut facilement vous induire en erreur et bien souvent, le voyageur finit par distribuer ses oboles soit à des gens qui ne peuvent rien changer à la situation ou encore à des gens qui « s'essayent » en espérant la bonne poire. Si l'on doute que tel ou tel frais existe vraiment, le fait de demander un reçu clarifie souvent les choses : ou les frais demeurent, auquel cas vous savez qu'ils sont bien réels, ou ils disparaissent comme par enchantement. Surtout, ne jamais montrer de signes d'impatience avec aucun officier gouvernemental, qu'il soit fonctionnaire, préposé aux douanes ou policier. Dans beaucoup de pays, les petits pouvoirs qui viennent avec ce type d'emploi sont source de respect et de considération et il serait très mal venu d'agir comme s'ils étaient à notre service. Restez donc polis, respectueux (cérémonieux même !), patients et compréhensifs. Ces simples attitudes vous mettront automatiquement à l'abri de la plupart des situations de corruption.

LE LANGAGE DES SIGNES

Même s'il est toujours préférable d'apprendre les rudiments de la langue du pays visité, il est parfois difficile sinon impossible pour un voyageur d'apprendre plus que quelques mots de la langue de nombreux pays. Soit que ces pays utilisent plus d'un langage, soit qu'ils utilisent des langages peu communs dans le monde ou bien que le voyageur manque tout simplement de temps ou encore considère son séjour trop court pour se donner la peine de l'étudier. Alors, plus souvent qu'autrement, ce sont les signes qui compensent le vocabulaire limité. Non seulement les signes de la main mais tout autant ou sinon plus, les expressions faciales, les mimiques et le ton de la voix. Un

mélange de gestes, de quelques mots de vocabulaire et de mimiques est très efficace pour se faire
comprendre ; tellement efficace même, que le
voyageur doit prendre soin de ne pas exprimer des
pensées qui pourraient être déplacées. En effet, le
voyageur est souvent le centre d'attraction et
l'objet d'une attention soutenue en tout temps.
Attention donc de ne pas laisser transparaître trop
de colère ou d'impatience en discutant avec un
compagnon. En voyageant à deux ou à plusieurs, il
est tout à fait normal de faire des commentaires sur
telle ou telle situation et de partager les inévitables
frustrations auxquelles on fait face. Mais on ne
doit surtout pas sous-estimer la capacité de
compréhension des gens qui se trouvent autour de
soi. La seule lecture des expressions faciales et des
regards en coin est suffisante pour que votre audi-
toire improvisé saisisse sinon la nature, du moins
les émotions qui motivent votre conversation.

En discussion avec la population locale, il faut
faire attention aux signes utilisés. Des signes anodins et sans équivoque utilisés fréquemment chez
nous peuvent avoir des significations fort différentes ailleurs. Par exemple, le rond créé par le
pouce et l'index se touchant par le bout avec les
autres doigts tendus vers le haut et qui signifie
OK ! ou parfait ! chez nous peut vouloir dire zéro,
rien, ou inférer qu'une personne est homosexuelle
dans certains pays méditerranéens. De même, le

signe du *peace and love,* l'index et le majeur formant un « V » avec les autres doigts repliés peut être interprété dépendant des pays comme étant une insulte (équivalente à dresser bien haut le majeur chez nous) ou le chiffre deux avec en plus des variantes dépendant du fait de garder la paume de la main vers soi ou de la tourner vers l'interlocuteur. De même, tapoter la tête d'un enfant, un signe d'affection chez nous, ou même toucher la tête d'un adulte serait très mal vu au Népal par exemple. La tête étant considérée la partie du corps la plus pure. Dans le même ordre d'idée, les souliers sont considérés au Népal et dans beaucoup de pays asiatiques comme étant la pièce de vêtement la plus dégradante qu'une personne peut porter. Toucher quelqu'un avec ses souliers, enjamber une partie du corps de quelqu'un ou pointer quelque chose du bout du pied y serait considéré comme un manque de savoir-vivre énorme.

Encore une fois, la plupart de ces particularités sont décrites en détail dans la plupart des bons guides de voyage. Il suffit de les prendre au sérieux et de les retenir. Dans le doute, la clé reste toujours l'observation. Les gens autour de soi fourniront les réponses et les comportements appropriés en tout temps, pour peu qu'on les observe.

Mais par-dessus tout, le signe indispensable à utiliser le plus possible, le plus important et sur lequel tous les autres s'appuient, en tout temps, dans tous les pays, et qui est reconnu par tous, jeunes et vieux : le sourire !

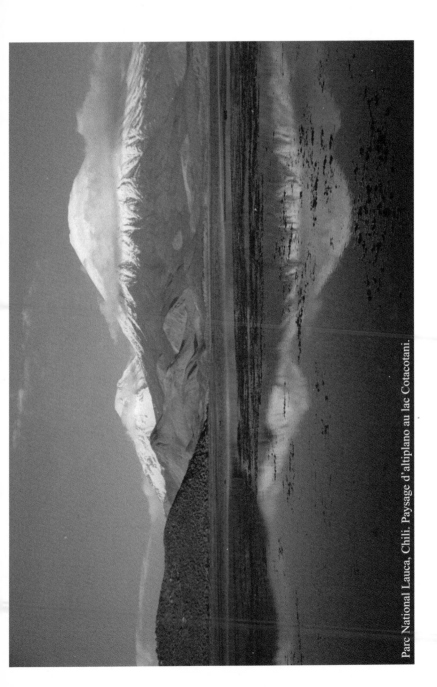

Parc National Lauca, Chili. Paysage d'altiplano au lac Cotacotani.

Monastère d'Hémis. Ladakh. Lecture des rouleaux sacrés.

ANNEXE 1
PRINCIPAUX GUIDES DE VOYAGE
DISPONIBLES AU QUÉBEC

FOOTPRINTS HANDBOOKS

Origine : britannique.

Disponibles en anglais seulement.

Plus de vingts titres dont les plus connus sont le South American Handbook et le Central America and Mexico Handbook.

La référence pour les pays d'Amérique du Sud avec bientôt sa 74e édition annuelle qui incluait à l'origine le Mexique et l'Amérique centrale. Ces deux dernières régions font maintenant l'objet d'un guide séparé. Le contenu est très dense mais le format demeure compact grâce à l'emploi judicieux de papier très fin et d'une écriture minuscule. Peu de photos et des cartes laissant souvent à désirer. Ils sont particulièrement utiles au voyageur à petit budget mais les voyageurs d'affaire peuvent en tirer aussi de judicieux conseils. Les éditions sont rééditées annuellement. Disponible seulement dans les sections voyage de grandes librairies et les librairies spécialisées.

LONELY PLANET

Origine : australienne

Disponible en anglais. Depuis quelques années, les meilleurs vendeurs sont aussi disponibles en français.

Plus de cent titres distribués en cinq collections : les *shoestring guides* couvrent de larges régions et présentent un minimum d'information utiles pour les voyageurs à petits budget ; les *travel survival kits* se concentrent sur un pays en particulier. Ils présentent une information plus complète que les précédents et s'adressent à des voyageurs aux budgets plus variés. Les *walking guides* se spécialisent dans les voyages de randonnées et de trekking. Lonely Planet produit aussi des livres de phrases utiles au voyageur en langue étrangère (souvent pour des langues peu communes tel que le Quechua ou le Nepali) et des guides de grandes villes connus respectivement sous les noms de *phrasebooks et city guides.*

Les premières publications de cette série se spécialisaient à l'origine sur l'Asie et leurs guides couvrant cette partie du monde sont encore considérés comme des références. Les guides Lonely Planet couvrent maintenant pratiquement tout le globe et traitent souvent de pays négligés par d'autres collections. Tous les guides de Lonely Planet sont destinés à une clientèle au budget minimal à modéré. Chaque édition comprend quelques photos et de bonnes cartes et les formats demeurent passablement compacts. L'inconvénient principal de ces guides est que la plupart ne sont pas réédités annuellement. Il est donc indispensable de vérifier l'année d'édition qui se trouve en petits caractères au dos de la page titre, avant l'achat. Les guides Lonely Planet sont disponibles dans les sections voyage de grandes librairies et les librairies spécialisées. Les volumes de la collection *walking guides* sont plus fréquents dans les sections livres de certains magasins d'équipement de plein air.

LE GUIDE DU ROUTARD

Origine : française.

Tous les titres sont disponibles en français.

Plus de quarante titres et une multitude de produits divers. Environ la moitié de leurs titres se concentre sur l'Europe et en particulier la France qui est découpée en régions qui font l'objet de guides séparés.

Les guides du routard ont longtemps été les seuls guides de voyage en français destinés à une clientèle à petit budget disponibles au Québec. Ces guides se font remarquer par leur côté trucs et combines toujours en évidence et leur section « où manger », particulièrement judicieuse. L'écriture est décontractée et les commentaires très typés. Peu de photos mais de bonnes cartes. Hors de l'Europe, ces guides se limitent principalement aux grands axes. La plupart des titres sont réédités annuellement. Disponibles dans les sections voyage de la plupart des librairies.

THE MOUNTAINEERS

Origine : américaine.

Disponibles en anglais seulement.

The Mountaineers est un club de la côte ouest américaine ayant comme mission « d'explorer, étudier, préserver et jouir des beautés de la nature ». Cette organisation publie des livres dans le même esprit et produit quelques guides de voyage destinés spécifiquement aux randonneurs dans quelques unes des plus belles régions du globe. Par exemple : *A guide to trekking in Nepal* et *Trekking in Tibet, a traveler's guide.*

Spécifiquement destinés aux adeptes de longue randonnée, ces guides ont la particularité de présenter des sections substantielles sur la culture locale. Fidèles à la mission du club, ces guides prônent la randonnée en milieu naturel, toujours avec le souci de créer le minimum d'impacts sur l'environnement et les populations locales. Les éditions ne sont pas renouvelées annuellement mais ce facteur n'est pas critique pour les voyages de randonnée. Nombreuses photos noir et blanc, présentation sobre. Disponible dans les sections livres de grands magasins d'articles de plein air.

LES GUIDES DE VOYAGE ULYSSE

Origine : québécoise.

Disponible en français. Quelques titres disponibles en anglais.

Plus d'une soixantaine de titres distribués en six collections. La collection *guides de voyage Ulysse* couvre des pays ou de grandes régions du monde et s'adresse aux voyageurs indépendants au budget variable mais modéré. La collection *Ulysse plein sud* traite en détail de quelques stations balnéaires populaires. La collection *guides.zone* s'adresse aux jeunes voyageurs de 18-25 ans. Les collections *Ulysse villes*, *espaces verts* et *guides de conversation* traitent respectivement de certaines villes nord-américaines et européennes, d'activité de plein air (Amérique du Nord) et de recueils de mots et phrases utiles au voyageur (anglais et espagnol). Ulysse produit aussi deux formats de leur *journal de voyage* servant à prendre des notes personnelles en cours de périple.

Ulysse est une maison d'édition québécoise relativement récente qui se spécialise dans le domaine des guides de voyage et de produits connexes. La majorité de leurs produits traitent du Québec, du Canada et des États-Unis quoique plus d'une vingtaine de titres se concentrent aussi sur des pays d'Amérique latine et des Antilles. Présentation sobre, avec des pictogrammes qui facilitent la recherche des sujets. Présentent de très bonnes cartes et quelques photos de qualité inégales. Les éditions ne sont pas rééditées annuellement. Disponibles dans les sections voyage de la plupart des librairies et évidemment dans toutes les librairies Ulysse, spécialisées dans le livre de voyage.

BRADT PUBLICATIONS

Origine : britannique.

Disponibles en anglais seulement.

Près d'une dizaine de titres, la majorité se concentrant sur les pays d'Amérique du Sud. Ces guides de voyage sont destinés spécifiquement aux randonneurs. Leurs titres les plus connus : *Backpacking and Trekking in Peru and Bolivia* et *Climbing and hiking in Ecuador.*

Ces guides proposent des randonnées de plusieurs jours dans plusieurs pays sélectionnés, principalement en Amérique du Sud mais aussi depuis peu, sur d'autres continents. Les éditions originales, souvent conçues par Hilary Bradt elle-même et Rob Rachowiecki sont remarquables par leur écriture sans prétention et la justesse de leurs commentaires. Les nouvelles éditions sont de qualité plus inégales. Pas de photos, cartes et plans de qualité acceptable. Présentation sobre avec nombre de dessins fait main. Ces guides ne sont pas réédités annuellement. Disponible dans les sections livres de grands magasins d'articles de plein air.

ANNEXE 2
BUREAUX DES PASSEPORTS, AU QUÉBEC

(si vous résidez dans l'une des villes suivantes, mieux vaut y faire une demande en personne)

Place du centre
Niveau 2
200 Promenade du Portage
Hull

Place Saint-Michel
Bureau 302
3885 boul. Harvey
Jonquière

2550 boul. Daniel Johnson
Bureau 300
Laval

Complexe Guy Favreau
Tour Ouest, bureau 215
200 boul. René Lévesque Ouest
Montréal

Place de la Cité
Tour Belle Cour
Bureau 2410, 4e étage
2600 boulevard Laurier
Sainte-Foy

3300 chemin Côte Vertu
Bureau 112
Saint-Laurent

Les demandes postales doivent être expédiées à l'adresse suivante :

Bureau des passeports
Ministère des Affaires étrangères
et du Commerce international
Ottawa, Canada
K1A 0G3

ANNEXE 3

SUCCURSALES DU CAA AU QUÉBEC

728, rue de Puyjalon
(418) 589-1208
Baie-Comeau

3, Place du Commerce
(514) 465-0620
Brossard

8500, boul. Henri-Bourassa
(418) 622-2527
Charlesbourg

110, boul. Barrette
(418) 545-4060
Chicoutimi

4168, Grande-Allée
(514) 926-1333
Greenfield Park

425, boul. St-Joseph
(819) 778-2225
Hull

357, chemin Principale
(418) 986-6565
Îles-de-la-Madeleine

1200, boul. St-Martin ouest
(514) 668-2240
Laval

1821, boul. des Laurentides
(514) 975-2713
Laval

1180, rue Drummond
(514) 861-5111
Montréal

1000, boul. St-Jean
(514) 426-2760
Pointe-Claire

444, rue Bouvier
(418) 624-8222
Québec

1209, boul. Sacré-Cœur
(418) 679-8242
Saint-Félicien

7360, boul. Langelier
(514) 255-3560
Saint-Léonard

2600, boul. Laurier
(418) 653-9200
Sainte-Foy

2360, chemin Sainte-Foy
(418) 657-7030
Sainte-Foy

2990, rue King ouest
(819) 566-5132
Sherbrooke

4450, boul. Des Forges
(819) 376-9394
Trois-Rivières

ANNEXE 4
LISTE DES CLINIQUES VOYAGE
AU QUÉBEC

CLSC Le Norois
Clinique des Voyageurs
Complexe Jacques-Gagnon
100, avenue Saint-Joseph Sud
Alma
G8B 7A6
(418) 668-4563

CLSC de l'Élan
Clinique des Voyageurs
1242, route 111 est
C.P. 729
Amos
J9T 3X3
(819) 732-3271

CLSC de l'Aquilon
Clinique des Voyageurs
600, rue Jalbert
Baie-Comeau
G5C 1Z9
(418) 589-2191

CLSC Témiscouata
Clinique des Voyageurs
33, rue St-Laurent
C.P. 100
Cabano
G0L 1E0
(418) 854-2572

CLSC La Saline
Clinique des Voyageurs
633, avenue Daigneault
C.P. 1090
Chandler
G0C 1K0
(418) 689-6695

CLSC Châteauguay
101, rue Lauzon
Châteauguay
J6K 1C7
(514) 699-3333

CLSC de Matawinie
Clinique Santé-Voyage
8161, route 125 sud
Chertsey
J0K 3K0
(514) 882-2488

CLSC des Grands Bois
Clinique des Voyageurs
600, 3ᵉ rue
Chibougamau
G8P 1P1
(418) 748-7658

CLSC des Coteaux
Clinique des Voyageurs
326, des Saguenéens
C.P.5150
Chicoutimi
G7H 6J6
(418) 545-1262

CLSC Drummond
Clinique Santé-Voyageurs
350, rue St-Jean
Drummondville
J2B 5L4
(819) 474-2572

CLSC de La Pommeraie
Clinique des Voyageurs
660, rue St-Paul
Farnham
J2N 3B9
(514) 293-3622

Centre de Santé de l'Hématite
Clinique des Voyageurs
1, rue Aquilon,
C.P. 550
Fermont
G0G 1J0
(418) 287-5461

CLSC de Forestville
Clinique des Voyageurs
2, 7ᵉ rue
C.P.790
Forestville
G0T 1E0
(418) 587-2212

CLSC Les Blés d'Or
Clinique Santé-Voyageurs
216, rue Principale
Fortierville
G0S 1J0
(819) 287-4442

CLSC de la Pointe
Clinique des Voyageurs
205, boul. de York ouest
C.P. 708
Gaspé
G0C 1R0
(418) 368-2572

CLSC de la Haute-Yamaska
Clinique Santé-Voyage
294, rue Deragon
Granby
J2G 5J5
(514) 375-1442

CLSC L'Estran
Clinique des Voyageurs
71, boul. St-François Xavier est
Grande Vallée
G0E 1K0
(418) 393-2001

Clinique Santé-Voyages
716, boul. St-Joseph
Hull,
J8Y 4A8
(819) 777-9899

Clinique médicale des
voyageurs internationaux
4, rue Taschereau, suite 220
Hull
J8Y 2V5
(819) 595-2120

CLSC Huntingdon
Clinique des Voyageurs
198, rue Châteauguay
Huntingdon
J0S 1H0
(514) 264-6111

CLSC Vallée des Forts
Clinique des Voyageurs
874, rue Champlain
Iberville
J2X 3W9
(514) 358-2572

CLSC des Îles
Clinique des Voyageurs
420, chemin Principal
C.P. 847
Cap aux Meules
Îles-de-la-Madeleine
G0B 1B0
(418) 986-5323

Clinique Santé-Voyage
de Joliette
350, rue Beaudry nord
Joliette
J6E 6A6
(514) 755-2111

CLSC des Aurores Boréales
Clinique des Voyageurs
285, 1re rue est
La Sarre
J9Z 3K1
(819) 333-2354

CLSC du Haut St-Maurice
Clinique Santé-Voyageurs
350, avenue Brown
La Tuque
G9X 2W4
(819) 523-6171

CLSC des Etchemins
Clinique des Voyageurs
201, rue Claude-Bilodeau
Lac Etchemin
G0R 1S0
(418) 625-8001

CLSC d'Argenteuil
Clinique Santé-Voyage
551, rue Berry
Lachute
J8H 1S4
(514) 562-8581

Polyclinique médicale
Concorde
Clinique Santé-voyage
de Laval
300 boul. de la Concorde
Laval
H7G 2E6
(514) 629-1120

Centre de Santé Lebel
Clinique des Voyageurs
950, boul. Quévillon
C.P. 5000
Lebel-sur-Quévillon
J0Y 1X0
(819) 755-4881

Centre de Santé de la Haute
Côte-Nord
Clinique des Voyageurs
« Ponctuelle »
Les Escoumins
4, rue de l'Hôpital
C.P.100
Les Escoumins
G0T 1K0
(418) 233-2931

CLSC Desjardins
Clinique des Voyageurs
15, rue de l'Arsenal
Lévis
G5V 4P6
(418) 835-3400

Clinique médicale St-David
de l'Auberivière
Clinique Santé-voyage
4497, boul. De La Rive-Sud
Lévis
G6W 6M9
(418) 833-4791

Centre de Santé de la Basse
Côte-Nord
Clinique des Voyageurs
1070, boul. Camille Marcoux
C.P. 130
Lourdes de Blanc Sablon
G0G 1W0
(418) 461-2144

Centre de Santé Île-Dieu
Clinique des Voyageurs
130, boul. Matagami
C.P. 790
Matagami
J0Y 2A0
(819) 739-2515

CLSC de Matane
Clinique d'Immunisation
349, rue St-Jérôme
Matane
G4W 3A8
(418) 562-5741

CLSC des Chutes
Clinique des Voyageurs
201, boul. des Pères
Mistassini
G0W 2C0
(418) 276-5452

CLSC des Hautes Laurentides
Clinique des Voyageurs
515, boul. Albiny-Paquette
Mont-Laurier
J9L 1K8
(819) 623-1228

CLSC des Berges
Clinique des Voyageurs
19, 1re avenue est
C.P. 100
Mont-Louis
G0E 1T0
(418) 797-2744

CLSC Antoine Rivard
Clinique des Voyageurs
144, ave. de la Gare
Montmagny
G5V 2T3
(418) 248-1518

Clinique Santé Voyage de
Montréal
Hôpital Maisonneuve-
Rosemont
Rez-de-chaussée, Pavillon
Rosemont
5689, boul. Rosemont
Montréal
H7T 2G9
(514) 252-3890

Service de Santé SAE
de l'Université de Montréal
Clinique Santé-Voyageurs
C.P. 6128, succ. Centre-Ville
Montréal
H3C 3J7
(514) 343-6505

MédiClub Montréal
Clinique Santé-voyage
6100, ave. du Boisé
Montréal
H3S 2W1
(514) 739-5648

Hôpital Général de Montréal
McGill Centre for Tropical
Diseases
(Unité des maladies
infectieuses)
1650 Cedar avenue,
local D7-153
Montréal
H3G 1A4
(514) 934-8049

Centre de médecine
de voyage du Québec
1001, rue Saint-Denis
6e étage
Montréal
H2X 3H9
(514) 281-3295

Groupe Santé MÉDISYS inc.
Santé Voyage MÉDISYS
500, rue Sherbrooke ouest,
bureau 1100
Montréal
H3A 3C6
(514) 499-2772

Centre de Santé des Hauts
Bois
Clinique des Voyageurs
600, ave. Dr William-May
Murdochville
G0E 1W0
(418) 784-2561

CLSC des Chutes
1205, rue St-Cyrille
Normandin
G8M 4K1
(418) 274-3865

CLSC Pierrefonds
13800 ouest, boul. Gouin
Pierrefonds
H8Z 3H6
(514) 626-2572

CLSC de l'Érable
Clinique Santé-Voyageurs
1331, rue St-Calixte
Plessisville
G6L 1P4
(819) 362-6301

Centre de Santé
de Port-Cartier
Clinique de Voyageurs
103, boul. des Rochelois
Port Cartier
G5B 1K5
(418) 766 2715

Centre Santé-voyage
de Québec
100, chemin Ste-Foy,
local 116
Québec
G1S 2L6
(418) 688-5621

CLSC Ste-Foy-Sillery
Clinique des Voyageurs
Québec
(418) 651-8015

Centre hospitalier
la Grande Rivière
Clinique des Voyageurs
180, rue Joliet
C.P. 800
Radisson, Baie James
J0Y 2X0
(819) 638-8991

Clinique Santé-voyage
de Lanaudière
504, rue Notre Dame,
bureau 206
Repentigny
J6A 2T8
(514) 582-2066

CLSC du Richelieu
Clinique Santé-voyage
633, 12e avenue
Richelieu
J3L 4V5
(514) 460-4475

CLSC de l'Estuaire
Clinique Santé-voyage
165, rue des Gouverneurs
Rimouski
G5L 7R2
(418) 724-7204

Clinique médicale
Centre-ville inc.
95, avenue Rouleau
Rimouski
G5L 5S4
(418) 722-6816

CLSC des Rivières et Marées
Clinique Santé des Voyageurs
22, rue St-Laurent
Rivière-du-Loup
G5R 4W5
(418) 867-2642

CLSC des Prés Bleus
Clinique des Voyageurs
870, boul. Marcotte
Roberval
G8H 2A5
(418) 275-0634

CLSC Le Partage des Eaux
Clinique des Voyageurs
19, rue Perreault ouest
Rouyn-Noranda
J9X 2T3
(819) 762-8144

CLSC Seigneurie
de Beauharnois
Clinique des Voyageurs
71, rue Maden, bureau 200
Salaberry-de-Valleyfield
J6S 3V4
(514) 371-0143

CLSC des Pays-d'en-Haut
Clinique des Voyageurs
1390, boul. Sainte-Adèle
C.P. 2130
Sainte-Adèle
J0R 1L0
(819) 229-6601

CLSC des Trois Vallées
Clinique des Voyageurs
144, rue Principale est
Sainte-Agathe-des-Monts
J8C 1K3
(819) 326-3111

CLSC des Berges
Clinique des Voyageurs
39, boul. Ste-Anne
Ste-Anne-des-Monts
G0E 2G0
(418) 763-7771

CLSC de Matawinie
Clinique Santé-voyage
377, rue du Foyer
St-Donat
J0T 2C0
(819) 424-1511

CLSC Jean-Olivier-Chénier
Clinique Santé-voyage
29, chemin Oka
St-Eustache
J7R 1K6
(514) 491-1233

CLSC des Prés Bleus
Clinique Santé-voyage
1228, boul. Sacré-Cœur
C.P. 10
St-Félicien
G8K 2P8
(418) 679-5270

CLSC Ste-Foy-Sillery
Clinique Santé-voyage
3108, chemin Ste-Foy
Sainte-Foy
G1X 1P8
(418) 651-2572

CLSC des Chenaux
Clinique Santé-Voyageurs
90, route Rivière-à-Veillette,
r.r.4
Ste-Geneviève-de-Batiscan
G0X 2R0
(418) 362-2727

CLSC La Guadeloupe
Clinique des Voyageurs
700, 98e rue est, C.P. 40
St-George
G5Y 8G1
(418) 228-2244

CLSC des Maskoutains
Clinique des Voyageurs
2650, rue Morin
Saint-Hyacinthe
J2S 8H1
(514) 778-2572

CLSC des Laurentides
Clinique Santé-voyage
185, rue Durand
St-Jérôme
J7Z 2V4
(514) 436-5889

CLSC Arthur Buies
Clinique des Voyageurs
430, rue Labelle
St-Jérôme
J7Z 5L3
(514) 431-2221

CLSC Beauce Centre
Clinique des Voyageurs
1125, avenue du Palais
St-Joseph de Beauce
G0S 2V0
(418) 397-5722

CLSC de Bellechasse
Clinique des Voyageurs
100, rue Mgr Bilodeau
St-Lazarre-de-Bellechasse
G0R 3J0
(418) 883-2227

CLSC de Matawinie
Clinique Santé-voyage
441, rue Brassard
C.P. 520
St-Michel-des-Saints
J0K 3B0
(514) 833-6334

CLSC Malauze
Clinique des Voyageurs
107, route 132 ouest
C.P. 10
St-Omer
G0C 2Z0
(418) 364-7064

CLSC Chaudières des
Appalaches
Clinique des Voyageurs
103, rue du Foyer
C.P. 580
St-Pamphile
G0R 3X0
(418) 356-3393

CLSC Les Aboiteaux
Clinique des Voyageurs
580, 25e rue
St-Pascal
G0L 3Y0
(418) 492-5742

CLSC Chutes-de-la-
Chaudière
Complexe de Santé et CLSC
Paul-Gilbert
Clinique des Voyageurs
2055, boul. de la Rive-sud
Saint-Romuald
G6W 2S5
(418) 839-3511

CLSC Thérèse-de-Blainville
Clinique Santé-voyage
55, rue St-Joseph
Ste-Thérèse
J7E 4Y5
(514) 430-4553

CLSC Normandie
Clinique Santé-Voyageurs
750, rue du Couvent
C.P. 430
St-Tite
G0X 3H0
(418) 365-7555

CLSC des Sept-Îles
Clinique des Voyageurs
405, avenue Brochu
Sept-Îles
G4R 2W9
(418) 962-2572

CLSC Centre-de-la-Mauricie
Clinique Santé-Voyageurs
1600, boul. Biermans
Shawinigan
G9N 8L2
(819) 539-8371

Clinique du Voyageur International de Sherbrooke
220, 12e avenue nord
Sherbrooke
J1E 2W3
(819) 829-3433

CLSC du Havre
Clinique Santé-voyage
201, rue du Havre
C.P. 590
Sorel
J3P 7N7
(418) 746-4545

Centre de Santé de
Témiscamingue
Clinique des Voyageurs
180, rue Anvik
C.P. 760
Témiscamingue
J0Z 3R0
(819) 627-3385

CLSC Frontenac
Clinique des Voyageurs
17, rue Notre-Dame sud,
bureau 100
Thetford Mines
G6G 1J1
(418) 338-3511

CLSC des Basques
Clinique des Voyageurs
400, rue Jean Rioux
C.P. 39
Trois Pistoles
G0L 4K0
(418) 851-1111

Centre de Santé Publique
de Trois-Rivières
Clinique Santé-voyage
3350, boul. Royal
Trois-Rivières
G8A 5Z4
(819) 378-9613

Centre de Santé Le Minordet
de Senneterre
1265, boul. Forest
Val d'Or
J9P 5H3
(819) 825-8825

Clinique GymMed
300-245, rue Soumande
Vanier
G1M 3H6
(418) 688-8822

CLSC Suzor-Côté
Clinique Santé-Voyageurs
100, rue de l'Ermitage
Victoriaville
G6P 9N2
(819) 758-7281

CLSC Samuel-de-Champlain
Clinique Santé-voyageur
2499, rue St-Georges,
bureau 200
Ville LeMoyne
J4R 2T4
(514) 466-6084

Centre de Santé
 Sainte-Famille
Clinique des Voyageurs
22, rue Notre-Dame nord
C.P. 2000
Ville-Marie
J0Z 3W0
(819) 629-2420

TABLE DES MATIÈRES

ANNEXES

Révision du manuscrit : Véronique Perron
Copiste : Aude Tousignant
Composition et infographie : Isabelle Tousignant
Conception graphique : Caron et Gosselin, communication graphique
Photos intérieures et en couverture : Jean Laforest

Diffusion pour le Canada : Gallimard ltée
3700A, boulevard Saint-Laurent, Montréal (Qc), H2X 2V4
Téléphone : (514) 499-0072   Télécopieur : (514) 499-0851
Distribution : SOCADIS

Éditions Nota bene/Va bene
1230, boul. René-Lévesque Ouest
Québec (Qc), G1S 1W2
mél : nbe@videotron.ca
site : http://www.notabene.ca

ACHEVÉ D'IMPRIMER
CHEZ AGMV
MARQUIS
IMPRIMEUR INC.
CAP-SAINT-IGNACE (QUÉBEC)
EN MAI 2002
POUR LE COMPTE DES ÉDITIONS NOTA BENE/VA BENE

Dépôt légal, 2e trimestre 2002
Bibliothèque nationale du Québec